MON CAHIER
HYGGE HAPPY THÉRAPIE

VALENTINE CINIER

ILLUSTRATIONS
ISABELLE MAROGER (COUVERTURE)
DJOÏNA AMRANI (INTÉRIEUR)

SOLAR
EDITIONS

SOMMAIRE

Introduction

Imaginez-vous avec vos amis ou votre famille, autour d'une grande table remplie de délicieux gâteaux, pour un anniversaire peut-être ou juste pour un goûter à la maison. Tout le monde rêve d'une vie bien remplie, pleine de moments de joie et de souvenirs à construire. Et quand on est à la recherche du bonheur, il est impossible de ne pas s'intéresser au mode de vie des Danois. Ce sont les grands gagnants du classement des peuples les plus heureux au monde depuis 1973. Et, à votre avis, pourquoi sont-ils si heureux ? Nous allons vous faire découvrir leur petit secret : le *hygge*. Pour les Danois, le bonheur se caractérise par ces petits moments de la vie, ces choses simples que l'on ne remarque parfois même pas. Et c'est ainsi qu'apparaît la magie du hygge : cette philosophie de vie danoise qui nous encourage à cultiver des moments de bien-être. Ce concept scandinave prône les vertus d'un confort simple et chaleureux. Un dîner entre amis, un chocolat chaud siroté au coin du feu, une séance de *comfort movie*, ces courts instants qui procurent bien-être et confiance. Avis à toutes les passionnées de déco scandinave, vous allez tout savoir pour rendre votre intérieur à la pointe de la tendance nordique ! Et vous verrez que le hygge peut s'appliquer tout au long de l'année. Au printemps, ce sont les pique-niques et les balades à vélo ; en été, les barbecues entre amis, les couchers de soleil ; à l'automne, la cueillette de champignons dans les bois ; et en hiver, c'est l'apothéose du hygge à Noël… Pas de panique, il ne s'agit pas de tout changer dans votre mode de vie et vos valeurs mais bien d'apprendre à vous écouter et mieux apprécier ce que la vie vous offre.

Pour découvrir le vrai hygge, je suis même partie spécialement au Danemark, à Copenhague. Ce *Cahier Hygge* renferme tout ce que j'ai rapporté dans mes valises. Au programme : la découverte de la philosophie positive version danoise, un maximum de cocooning dans un intérieur douillet et chaleureux, des moments inoubliables entourée de vos amis, et des petites recettes feel good tout droit venues du Danemark. Ce cahier va vous donner envie d'appliquer la philosophie du hygge à votre quotidien et vous faire vivre une véritable happy therapy !

Test : Est-ce que j'ai besoin de hygge dans ma vie ?

Avant de découvrir et d'appliquer l'état d'esprit hygge, il est important de connaître votre style et votre rythme de vie. Faites ce test pour savoir en quoi le hygge peut vous aider et vous apporter ce que vous recherchez.

Le matin, en vous levant :

▲ Vous sautez dans vos vêtements sans vous poser de question, pas le temps de prendre un petit déjeuner.

● Vous êtes déjà en train de consulter votre boîte mail et avalez un café serré.

■ Vous vous sentez fatiguée et pensez déjà à votre soirée cocooning solo de ce soir.

Au travail, vous êtes plutôt :

▲ Hyperactive, vous bossez à fond sur votre to do list et profitez d'un moment libre pour discuter avec vos collègues à la machine à café.

● Imperturbable devant votre ordinateur, vous échangez rarement avec vos collègues et vous déjeunez plutôt à votre bureau.

■ Votre bureau, c'est un peu votre deuxième maison, tisane, bougie et bouquin à lire pendant le déjeuner, vous vous accordez des pauses pour être plus productive.

Pour vous détendre, vous rêvez :

▲ D'une séance de sport dynamique pour vous dépenser après une grosse journée de travail.

● D'un moment avec vos amis, autour d'un bon dîner, votre plat préféré et une bonne bouteille de vin.

■ D'un massage relaxant suivi d'une bonne nuit de sommeil.

Qu'est-ce que vous aimeriez changer ou améliorer dans votre vie ?

▲ Avoir assez de temps pour pouvoir tout faire : soirées, expos, concerts, ciné, sport…

● Être entourée, écoutée et soutenue par vos proches, collègues et amis…

■ Faire plus de choses, sortir de votre zone de confort, essayer un nouveau sport, aller en boîte…

Votre *home sweet home*, c'est…

▲ L'endroit où vous passez le moins de temps ! Vous n'avez besoin que de votre lit pour dormir, vous ne recevez ni ne dînez presque jamais chez vous.

● Votre refuge ! Vous y passez la plupart de vos soirées, y cuisinez, câlinez votre chien/chat et aimez regarder la télé ou lire un livre.

■ L'endroit où vous décompressez après une journée de travail.

La décoration, pour vous c'est…

▲ Secondaire. Vous ne prenez pas le temps d'aménager votre appartement comme vous le voudriez.

● Un vrai plaisir, vous êtes toujours à l'affût d'une idée de DIY.

■ Important, vous aimez vous sentir bien chez vous.

Pour vous, le bonheur c'est…

▲ Avoir un travail passionnant et une vie rythmée.

● De le partager avec ceux qu'on aime.

■ De se sentir bien dans sa peau et dans sa vie.

Quand on vous dit « hygge », vous pensez à :

▲ Une paire de charentaises devant la cheminée.

● Une tasse de chocolat chaud devant un film.

■ Une après-midi cocooning à la maison.

Votre nouveau projet à venir ?

▲ Vous ne vous projetez pas, vous préférez vivre au jour le jour.

● Passer plus de temps avec vos amis et trouver un amoureux.

■ Prendre du temps pour vous quitte à moins vous investir au travail.

Faites vos comptes !

▲	●	■

Vous avez une majorité de ▲ : *Vous avez besoin de prendre du temps pour vous.*

Ambitieuse et dynamique, votre réputation professionnelle n'est plus à prouver. Au travail, vous êtes performante et appréciée de tous, mais qu'en est-il de votre vie perso ? À force de vouloir être sur tous les fronts, vous risquez de vous oublier. Il est temps d'apprendre à lâcher prise, à vous écouter et d'accepter de prendre du temps pour vous. Annulez une soirée si vous n'avez pas vraiment envie d'y aller. Favorisez les dîners chez vous ou chez vos amis pour retrouver le plaisir de partager des moments simples. Et reposez-vous !

Vous avez une majorité de ● : *Vous avez besoin de vous ouvrir aux autres.*

La vie est faite de rencontres et d'échanges avec les autres. Pour vous épanouir, il est important que vous partagiez votre vie avec vos amis ou futurs amis ! Au travail, essayez de déjeuner avec vos collègues, engagez la discussion sur des sujets qui vous plaisent tout en restant vous-même. Dans la vie, reprenez contact avec des amis que vous avez perdus de vue, acceptez d'aller boire un verre ou de dîner avec eux. La maison est un cocon qui doit néanmoins rester chaleureux et prêt à accueillir famille, amis ou voisins.

Vous avez une majorité de ■ : *Vous avez besoin de reprendre confiance en vous.*

Métro, boulot, dodo. Vous vous complaisez dans le ronron d'une vie un peu endormie. Vous avez toutes les cartes en main pour dynamiser tout ça ! Cessez de vous écouter et de vous empêcher de vivre de nouvelles aventures. Testez un cours d'aquabike, passez une nuit à danser, refaites votre garde-robe… Donnez-vous les moyens d'apprécier votre vie et suivez la devise : « Ne rêve pas ta vie, vis ton rêve. »

Chapitre 1

Le hygge, c'est quoi ?

Hu-gge, hyje, hi-ga, vous voilà en train d'essayer de prononcer ce mot étrange qui vous intrigue. Pas de raison de s'évertuer à le dire, le plus important est de le comprendre.
« Hygge » est un mot danois difficile à prononcer, je vous l'accorde : dites « hoo-ga » – et encore plus à traduire. Nous pourrions le définir comme un art de vivre qui consiste à créer des moments heureux dans la vie de tous les jours quelle que soit la saison ou l'heure de la journée. Cet état d'esprit encourage les Danois à se réunir dans une ambiance chaleureuse pour partager un bon moment ensemble. Un concept scandinave qui prône les vertus d'un confort simple.

Bonheur à volonté

Pour commencer, sachez que le hygge doit être simple et accessible à tous. En effet, ne pensez pas qu'il s'agit là d'une nouvelle tendance nous incitant à acheter des kilos de bougies. C'est un état d'esprit qui peut se cultiver seul pourvu que l'on soit soi-même, et qui est *gratuit*. Nous verrons comment et pourquoi les Danois sont considérés comme les citoyens les plus heureux du monde grâce au hygge.
Puis, nous tenterons de comprendre et reproduire cette philosophie de vie tournée vers le partage et le respect de l'autre. Êtes-vous prête ?

Pourquoi est-il si difficile de décrire le hygge ?
Tentative d'explication d'Emily Louise Salomon, blogueuse lifestyle danoise (*emily-salomon.dk*)
« Pour les Danois, il est difficile de donner leur définition du hygge parce que c'est quelque chose avec lequel ils ont toujours vécu. Ça fait partie d'eux, de leur culture, de leur identité, et c'est essentiel pour eux. C'est drôle de constater la perception que les étrangers ont du hygge et l'engouement qu'il entraîne. Je pense que c'est comme essayer d'expliquer à quelqu'un comment être parisien ou être bon vivant. »

La différence entre le cocooning et le hygge

On vous rassure tout de suite, le hygge n'a rien d'une tendance marketing de cocooning revisitée à la sauce nordique. Il est important, en effet, de faire la différence entre le cocooning et le hygge. Inventé il y a 30 ans par Faith Popcorn, une consultante en marketing américaine, le terme « cocooning » désigne une attitude de repli sur soi. Le cocooning incite généralement à se couper du monde extérieur pour rester chez soi, comme dans un cocon, souvent seul, lorsque l'on essuie une baisse de moral ou tout simplement pour une envie de ne rien faire. On pense au personnage de Bridget Jones qui erre en pyjama chez elle, une bouteille de vin à la main. Cette représentation du cocooning est à l'opposé du hygge danois. Il est pourtant très connu, apprécié et pratiqué en France et dans le monde. Nous pourrions dire que le cocooning à la danoise est l'art d'être bien chez soi, mais entouré de ses amis ou de sa famille pour vivre un moment chaleureux tous ensemble. C'est aussi possible de pratiquer le hygge seule, mais à la différence du cocooning, vous verrez que vous serez toujours ouverte à ce qui vous entoure, et dans un mood positif.

Les 3 commandements du hygge

Pour vous aider à démarrer votre aventure hygge, voici les 3 grands axes de cette philosophie de vie.

Commandement n° 1 : Je cultive la convivialité

Une des clés fondamentales du bonheur danois, c'est la convivialité, la solidarité et l'unité. Pour un Danois, le bonheur ne vaut que s'il est partagé. Le mot « hygge » exprimerait un sentiment d'appartenance à une grande maison. Et justement, la maison est le personnage principal de cette philosophie de vie. C'est souvent l'endroit où l'on se sent le mieux, le plus décontracté, à l'abri des petits soucis de la vie. C'est donc à la maison, chez soi, chez des amis, dans sa maison de vacances ou de famille que l'on peut pratiquer le hygge. Attention, il est tout de même possible de créer cette atmosphère partout, pas seulement à l'intérieur ou en hiver.

Commandement n° 2 : Je prends soin de moi

Rester au chaud sous la couette et entendre la pluie tomber dehors est bon exemple de moment hygge. Dans un monde où les exigences sont toujours plus importantes et où le temps manque à tout un chacun, il est important de savoir s'écouter. Décider d'annuler une soirée si vous n'avez plus tellement envie d'y aller, passer un week-end au calme entre amis et sans wifi ou prendre une journée pour aller chez le coiffeur, se faire faire les ongles ou un massage avec une copine… Bref, prendre du temps pour soi est un pilier de la philosophie hygge, qui nous encourage à nous détendre et à lâcher prise.

Commandement n° 3 : Je profite des petits bonheurs de la vie

Pour devenir une femme épanouie, le plus important est de bien se connaître. Apprendre à s'écouter, identifier les moments de bonheur pour savoir les apprécier et ainsi pouvoir les répéter. Le hygge peut vous aider à apprécier un moment simple en lui donnant une nouvelle dimension. La magie du hygge, c'est son accessibilité et sa simplicité. Les meilleures choses de la vie ne s'achètent pas. Nous ne sommes pas en train de vous demander de changer vos habitudes, mais plutôt de cultiver les instants qui vous procurent du bonheur.

Les origines du hygge danois

Comme nous pourrions l'imaginer à tort, le mot « hygge » ne provient pas de la langue danoise mais du norvégien, où il signifierait « bien-être ». Le terme est apparu pour la première fois dans les écritures danoises vers la fin du XVIIIe siècle.

« *Hyggelig* » est l'adjectif qui désigne tout ce qui fait référence au hygge, que ce soit un moment, une personne, une ambiance, un objet ou un animal. On peut dire, par exemple : « Ce dîner chez Pia était vraiment hyggelig ! » La langue norvégienne a son propre mot pour désigner le hygge, il s'agit du « *kose* ». D'autres pays partagent des valeurs similaires à travers un mot précis, comme « *gezelligheid* » aux Pays-Bas, « *gemütlichkeit* » en Allemagne ou encore « hominess » au Canada. Bien que leur signification varie, ces notions évoquent toutes des sentiments de convivialité, de confort, d'intimité, de sécurité qui procurent une impression de bien-être.

Pourquoi ce sont les Danois qui l'ont inventé ?

Parce que c'est dans leur culture… et parce que c'est une belle réponse aux conditions météo !

Parce qu'ils sont… born to be happy !

L'éducation danoise pousse les enfants à se diriger naturellement vers ce qu'ils aiment et non vers ce que l'on attend d'eux. Pour Iben Sandahl, co-auteure du livre sur la méthode d'éducation danoise, *The Danish Way of Parenting* (Piatkus Books, 2016) : « Vous êtes le moteur de ce que vous faites. Au lieu de vous pousser à faire quelque chose qui peut vous décevoir, vous vous construisez à partir de vos propres convictions. Ce choix fera de vous quelqu'un de plus confiant, de plus fort, de plus résistant et de plus heureux. » Les Danois sont éduqués pour être en phase avec eux-mêmes, ce qui les rend en mesure d'être heureux et de rendre d'autres personnes heureuses, à travers le hygge notamment. Pas mal, non ?

Parce qu'on a besoin de réconfort quand il fait froid

Le hygge est intimement lié aux conditions météorologiques du pays qui, en plein hiver, est plongé dans le noir 17 heures par jour. Vous imaginez ? Pour lutter contre le manque de luminosité, le froid et la morosité de l'hiver qui est interminable chez eux, il vaut mieux miser sur une vie sociale active ! En revanche, les Danois privilégient les soirées à la maison entre amis ou en famille, pour un dîner, une soirée télé ou juste pour boire un verre ou un café. Il y a aussi un grand contraste entre l'hiver et l'été au Danemark où il peut faire jour jusqu'à minuit. Les Danois utilisent donc la lumière des bougies pour compenser le manque de luminosité en hiver.

Témoignage de Sine Klingsholm, étudiante dano-norvégienne

« L'atmosphère devient très cosy quand on rentre chez soi en hiver, on allume des bougies et on prépare une boisson chaude. On pourrait difficilement avoir le même sentiment de confort s'il ne faisait pas aussi froid dehors. »

Parce qu'ils sont attachés aux traditions familiales

En effet, les Danois sont très attachés aux traditions ; les célébrer constitue chaque fois un moment hygge. Il existe beaucoup de traditions au Danemark. Elles contribuent à conserver de bonnes relations avec les amis et en famille et à créer des souvenirs heureux. Les plus beaux moments hygge eux-mêmes se répètent et deviennent un rituel, une tradition.

Mon beau drapeau !
Une autre fierté nationale : le drapeau danois, le Dannebrog. Selon une légende, le Dannebrog est tombé du ciel le 15 juin 1219 pendant une bataille en Estonie. De nos jours, les Danois témoignent de leur attachement au Dannebrog en toute occasion : pour accueillir un ami ou un membre de la famille à l'aéroport, en décoration sur un gâteau ou sur le sapin de Noël, collé sur un paquet cadeau ou une enveloppe, hissé dans le jardin ou à la fenêtre pour célébrer des fêtes de famille ou des fêtes officielles.

Le hygge made in France

Ce cahier est le seul livre à être écrit par une Française pour les Françaises. Il combine le meilleur des deux cultures et a l'ambition de vous faire découvrir et aimer le hygge. Je suis spécialement partie au Danemark, et plus précisément à Copenhague, pour sa préparation et son écriture. Un moment pour capter l'énergie hygge, profiter de la gentillesse des Danois et apprécier l'esthétisme de ce pays où la culture, la décoration et la nourriture tiennent une place de choix. À travers ce cahier, je vais vous démontrer que le hygge français existe, et qu'il suffit de le saisir et de se l'approprier. De très nombreux exemples, lieux, moments démontrent que le hygge *made in France* va nous rendre la vie plus belle ! Je vous le promets : le hygge incarne un art de vivre chill et branché.

Meilleurs à plusieurs

Le hygge est un état d'esprit. S'il était une devise, pour les Danois ce serait : « Meilleurs à plusieurs ». Le hygge se pratique aussi seul, mais mon pari est que, à la fin de ce cahier, vous ayez vécu des moments passionnants, réconfortants et bienfaisants avec vos amis, avec votre amoureux, avec votre sœur, votre frère ou vos parents. Cela vous rendra plus forte grâce au soutien de tous, mieux dans vos baskets et en phase avec vous-même si vous l'êtes avec ceux que vous aimez. Ok, ce n'est pas toujours facile, mais y parvenir, c'est le bien-être assuré ! Le hygge nous rappelle à quel point il est bon d'apprendre à être plus soudés, tolérants et solidaires. Pour plus de bien-être et de bonheur au quotidien, dans notre vie privée, au travail, en amour, nous avons besoin de hygge. L'objectif à la fin de ce *Cahier Hygge* ? Que vous ayez envie de lancer une campagne free hugs ! On plaisante… à peine.

Chapitre 2

Je prends soin de moi version hygge

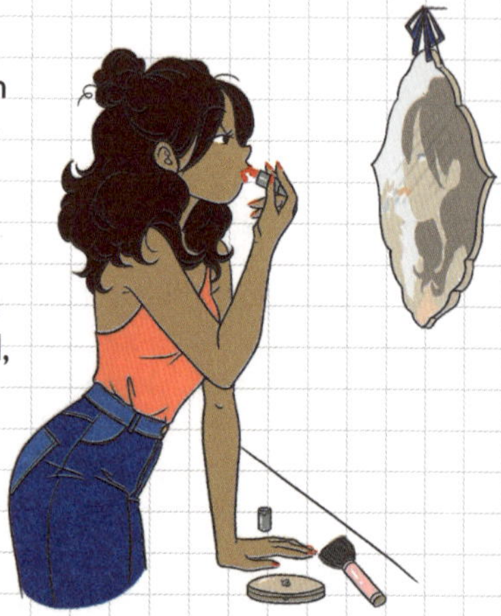

Pratiquer le hygge, c'est transformer les gestes du quotidien en gestes de bien-être. Prendre soin de soi est un pilier de la philosophie hygge qui nous encourage à être heureux et à nous détendre. Ces petits moments de détente nous font du bien – même appliquer sa crème hydratante le matin peut devenir un réflexe bien-être et non un geste machinal vide de sens. Beauté, food, sport… Transformez toutes vos activités quotidiennes en version hygge !

Be beautiful version hygge

Le hygge invite à prendre soin de soi. Rien de plus facile que de l'appliquer dans vos rituels beauté ! En revanche, sachez que les Danoises ont une approche particulière des cosmétiques et de la beauté en général. Ann-Marie Rønlund Jensen, brand manager chez Nuori, une jeune marque de cosmétiques danoise, vous guide pour être belle et 100 % hygge.

Décomplexez !

Le hygge propose une approche décomplexante des soins de beauté. « Nous avons tellement de choix à faire dans nos vies que nous avons voulu simplifier les soins beauté pour minimiser le stress. » Non, pas de sérum, de soin, de crème de jour, de fond de teint, d'anticernes, de maquillage qui vous donnent l'impression d'être nue au naturel. Pas d'obligation d'être tirée à quatre épingles en permanence. C'est anti-hygge ! Prenez soin de vous, oui, mais sans surenchère ni pression. Vous vous sentez déjà mieux, non ?

Objectif minimalisme et confort

Dans la vision hygge, la beauté est minimaliste, naturelle et confortable. Oubliez les différentes étapes d'une routine compliquée, ici, c'est simple. « Au Danemark, nous avons une manière de vivre très fonctionnelle, il faut que les produits que nous achetons soient pratiques à utiliser. Notre routine beauté est par conséquent assez simple. Un seul produit pour chaque besoin. Simplicité, fonctionnalité, efficacité. » Fini, les trousses à maquillage remplies de dizaines de produits en tous genres. Le but est d'avoir le bon produit correspondant à votre besoin. Le mantra beauté hygge pourrait être « less is more ».

Belle à l'intérieur !

Au Danemark, on se maquille peu et on privilégie la beautyfood. « Belle à l'intérieur, et ça se voit à l'extérieur. » La plupart des Danois mangent bio depuis toujours. Vous n'êtes pas obligée d'arrêter le make up, mais une alimentation saine peut vous aider à réduire les petits inconvénients de la peau que l'on cherche justement à camoufler à coups de stylo anti-spots. Première astuce la plus importante : limitez le sucre. Il rigidifie la peau en se glissant dans le collagène (c'est la glycation) et donne des boutons. À l'inverse, une alimentation riche en fruits et légumes est antioxydante et limite les radicaux libres qui accélèrent le vieillissement, des cellules cutanées notamment.

Le top des aliments beautyfood
En plus d'être bons pour la santé, les superaliments sont de précieux alliés beauté. Graines de chia, grenade, baies d'açaï, de goji, camu-camu, fonio, cannelle, quinoa, spiruline, maca, chou kale, cresson, radis noir, raisin, myrtille, piments, ginseng… Tous ces fruits, légumes, racines ou graines sont des bombes d'énergie pour le corps, la peau et l'esprit. Des concentrés boosteurs indéniables et naturels.

Belle et bio

La conception danoise de la beauté est hygge parce qu'elle est simple, naturelle et fraîche. Justement, on a constaté que les Danoises avaient une longueur d'avance en matière de beauté naturelle. Le plus important dans le hygge, c'est d'avoir conscience de ce que l'on consomme, apporter

une réflexion sur ce que l'on fait, achète ou mange. Bref, réfléchir à ce que l'on met dans son corps et sur sa peau. Il a été démontré que les fruits et légumes bio et locaux contenaient plus de vitamines que les autres : il ne vous reste plus qu'à prendre le temps de vous occuper de vous et de vous faire plaisir !

Cosmétiques frais

Nuori, une jeune marque de cosmétiques danoise, a démontré que les ingrédients utilisés perdaient de leur efficacité avec le temps. Sa fondatrice, Jasmi Bonnén, a donc conçu des produits composés uniquement de formules fraîches. Tous les produits Nuori ne se conservent que 12 semaines et présentent deux dates : la *start-using-by date* et l'*expiry date*. La première est la date limite à laquelle on doit commencer à utiliser le produit et la seconde est le jour où il est nécessaire de remplacer le produit. Une vraie sensation de bien-être naturel ! Disponible sur *nuori.com* et dans les magasins Oh My Cream ainsi qu'au Bon Marché.

Trouvez votre équilibre !

Par Annya Santana, fondatrice de Menos Mas, un site bien-être qui offre plein d'astuces beauté. Cette Américaine est passionnée de produits de beauté naturels et a créé sa propre ligne de soins biologiques faits à la main.
Pour elle, il ne s'agit pas de se priver et de partir dans les extrêmes. Il n'existe pas qu'une seule façon de vivre sainement, le mieux est d'adopter un mode de vie sain de façon globale. Écouter son corps, manger mieux, faire du sport et prendre son temps.
Toutes ces habitudes permettent de se sentir bien. L'essentiel est de s'aimer soi-même un peu plus chaque jour, parce que le meilleur conseil beauté du monde est d'avoir confiance en soi et d'être heureuse.

L'univers et les produits Menos Mas sont à retrouver sur menos-mas.com.

Je me relaxe !

Le hygge, c'est la force des rituels que l'on reproduit pour se sentir bien. Prendre un moment pour souffler, transformer des petits gestes du quotidien en vrais rituels beauté, c'est possible. Vous masser les mains avec de la crème hydratante en vous couchant, vous limer les ongles, vous brosser les cheveux… Ces moments *a priori* anodins peuvent provoquer des bienfaits relaxants et déstressants incroyables, si on les vit en conscience ! Voici quelques exemples pour lâcher prise et vous cocooner.

Un bain de relaxation

La version beauté du hygge français pourrait être représentée par le bonheur de se plonger dans un bain enrichi d'huiles essentielles. Allumez quelques bougies sur le rebord de la baignoire ou à proximité, et profitez de ce moment de détente pour boire un café, un thé, un chocolat chaud ou un verre de vin rouge, bref, ce qui vous fait plaisir. Vous pouvez même fermer les yeux et méditer un peu, lire un livre ou un magazine ou simplement mettre une musique relaxante et ne rien faire d'autre. Prenez soin de vous, faites un gommage, ou posez un masque sur votre visage. Soignez-vous de l'intérieur et appréciez l'instant présent.

La recette du bain aux huiles : 15 à 20 gouttes de l'huile que vous aurez choisie en fonction de ses propriétés (voir p. 22), diluées dans une base neutre ou dans un peu de gel douche.

DIY masque détox

On est dimanche, vous êtes sortie tard hier soir et vous avez la mine déconfite. Tout va bien, profitez de votre bain détente du soir (méthode anti-blues du lundi prouvée) pour prendre soin de vous et réparer les dégâts. À vous, le masque à faire soi-même, c'est facile, rapide et ça fait des miracles ! Vous n'avez pas d'excuses !

Dans un bol, mélangez 1 cuillerée à soupe de miel, 1 cuillerée à soupe de jus de citron et 1 cuillerée à soupe d'huile d'olive. Appliquez le mélange sur le visage propre à l'aide d'un coton, en évitant le contour des yeux et attendez au moins 15 minutes, avant de bien rincer. Résultat : la peau est douce et souple, toute rebondie !

Une manu/pédi avec une amie

Quoi de plus hygge qu'un moment entre copines à se faire les ongles ensemble ? C'est souvent un bon moyen de discuter et de prendre du temps pour soi tout en partageant son humeur avec son amie. On peut s'adonner à une séance de manucure ou de pédicure à la maison le week-end, afin d'avoir de beaux ongles pour la semaine. C'est d'autant plus excitant si vous avez un rendez-vous amoureux ou un entretien d'embauche prévu. Vous pouvez aussi aller au salon de beauté ensemble pour vous faire chouchouter si vous préférez.

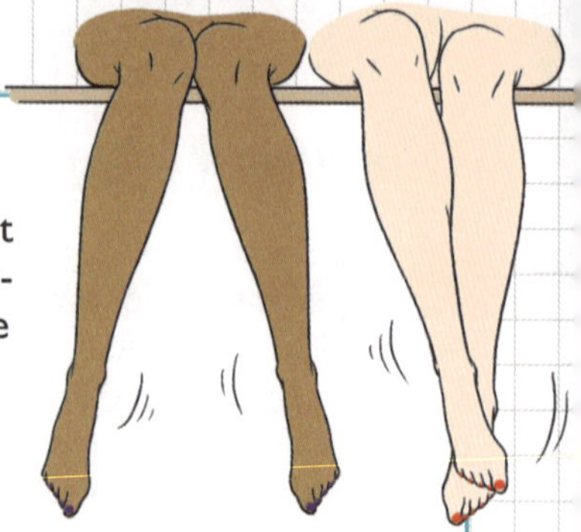

DIY gommage pour les pieds

On les oublie souvent, et pourtant les pieds nous supportent toute l'année, alors il faut les soigner. Prenez le temps de chouchouter vos pieds, surtout s'ils sont secs et abîmés. Voici une recette de gommage maison, à la fois exfoliant et nourrissant.

1. Mélangez 2 cuillerées à soupe de gros sel, 3 cuillerées à soupe d'huile de coco et 2 gouttes d'huile essentielle d'arbre à thé.
2. Massez vos pieds et vos orteils avec le gommage avec des gestes toniques et appuyés, puis laissez poser quelques minutes.
3. Lavez au savon et rincez. Terminez en appliquant sur vos pieds une crème hydratante pour le corps.

Résultat : c'est le pied !

Une coupe-couleur sup !

Autre rituel, prendre un moment pour aller chez le coiffeur. Rien de plus relaxant que de profiter d'un bon massage crânien pendant le shampoing ! Mais aller chez le coiffeur a un coût. Vous pouvez donc vous faire un masque capillaire à la maison, puis vous enrouler la tête d'une serviette chaude tout en sirotant une boisson chaude. Et, pour les téméraires, demandez à une amie de vous faire une coloration maison, ou même une coupe de cheveux.

Mon témoignage

« Avec mes sœurs, nous avons pris l'habitude de nous faire des soirées "coiffeur" à la maison. On achète une bonne paire de ciseaux de coiffure, au supermarché ou en magasin spécialisé, et on se coupe les cheveux mutuellement, pourvu qu'il s'agisse d'une coupe simple, comme un carré ou juste de couper les pointes abîmées. C'est convivial, un peu stressant parfois, mais je n'ai jamais été déçue ! »

Créez votre espace beauté

Pour profiter de vos rituels beauté, vous pouvez rassembler vos « essentiels » en un seul endroit. Exposez vos accessoires préférés, vos crèmes et vos bijoux, peut-être une bougie ou une plante, bref, ce que vous aimez pour personnaliser ce coin beauté. Accrochez un joli miroir à la bonne hauteur pour apporter la touche finale à votre soin quotidien. Le principe ? Que ça vous réjouisse, que ce soit simple et pratique.

Le pouvoir de la comfort food

Vous l'attendiez, ce chapitre sur la nourriture ! Le hygge est une notion de bien-être, de réconfort et de convivialité, la nourriture y joue donc un rôle essentiel. Mais pas n'importe quelle nourriture. On vous parle ici de nourriture riche et réconfortante, celle qui nous aide à aimer l'hiver et qui nous rassemble autour d'une grande table joyeuse. Cette nourriture-là est la meilleure, tout simplement parce que, au-delà de remplir l'estomac, elle comble aussi le cœur. La « *comfort food* » réunit tous ces aliments réconfortants, souvent gras ou sucrés, qui suscitent en nous instantanément un sentiment de chaleur et de bien-être dès qu'on les voit et, encore mieux, dès qu'ils sont dans notre bouche.

Gras assumé à moitié éliminé

Vous vous en doutez, commander fièrement un bon burger (bun moelleux, viande parfaite et fromage goûtu) sans culpabiliser face au regard satisfait de vos copines n'est pas si simple. Elles, se contenteront d'un plat unique, style salade parisienne ou tartare de saumon. Seulement voilà, là, ce midi, vous avez une irrésistible envie de burger. Eh bien, quand on a une envie aussi forte de quelque chose, il faut foncer. Cédez à la tentation de votre cerveau, et c'est votre ventre qui vous remerciera. Dans le fond, vous le savez, il ne faut pas abuser des bonnes choses. Mais c'est en faisant de ces « craquages » des moments exceptionnels que le plaisir restera intact.

Suivez la règle des 80/20

Tout est dans l'équilibre des menus et des envies. Vous avez bien bu et bien mangé hier soir pour l'anniversaire de votre meilleure amie, ce midi, c'est soupe, yaourt et fruits pour compenser. Vous savez que dimanche, vous allez vous resservir du gratin dauphinois et du poulet rôti option sauce qui tue et peau qui croustille chez mamie ? La veille, allez-y mollo : un repas léger, une tisane et au lit. Parfois, il faut savoir écouter son ventre. Quand il vous réclame du bon, du gras, ou quand il a besoin d'une pause. L'essentiel est que 80 % du temps, vous mangiez plus sain et plus équilibré. Autorisation de craquer les 20 % restants ! Mieux vaut ça que vouloir manger healthy 100 % du temps sans y parvenir et grignoter chaque jour tellement vous êtes frustrée. Pour manger sans culpabiliser, privilégiez le bon gras, et zappez le sucre. On ne peut pas avoir le beurre et l'argent du beurre !

Le souvenir du goût

La magie du bon gras est de nous faire du bien et que l'on apprécie tellement ce que l'on mange que l'on en garde un puissant souvenir. Ce sont ces plats qui vous procurent, le temps d'une bouchée ou d'un repas, un sentiment de bien-être, qui associent les saveurs et les odeurs à une personne en particulier ou à un souvenir bien précis.
Parce que, oui, le gras est souvent associé au bonheur. Le plaisir de se retrouver en famille ou entre amis, à déguster une tartiflette préparée avec amour. Et, plus concrètement, le gras est un exhausteur de goût naturel et rien ne peut le remplacer.

Les 10 recettes généreuses… en amour !

- **L'aligot** : purée de pommes de terre à laquelle sont mélangés de la crème, du beurre, de la tome d'aligot et de l'ail.
- **La croziflette** : dérivé de la tartiflette dans laquelle les pommes de terre sont remplacées par des crozets, pâtes savoyardes à base de sarrasin et coupées en petits carrés.
- **La fondue savoyarde**
- **Le lard de Colonnata et os à mœlle**
- **Le parmentier de canard**
- **Le pot-au-feu**
- **La raclette**
- **La tartiflette**
- **La truffade** : plat composé de pommes de terre, de tome du Cantal et d'ail. Très souvent servi avec du jambon de pays, à volonté et dans une casserole encore chaude posée au milieu de la table.
- **Le welsh** : spécialité galloise qui ressemble à un croque-monsieur recouvert de cheddar fondu, de bière et de moutarde.

Le gras contre le froid

Quand il fait froid dehors, manger un plat un peu lourd et consistant apporte une sensation de chaleur. « Toujours quelque chose qui réchauffe le cœur », insiste Anne Moltke Dahl, la blogueuse danoise du site Anne au Chocolat (*anneauchocolat.dk*). C'est cette énergie qui nous remplit et qui nous empêchera d'avoir une fringale à 16 h 15. C'est aussi cette énergie qui nous donnera envie de nous dépenser, de bouger pour brûler l'excès de gras. C'est magique !

Le riz à l'amande

Pas de Noël sans riz à l'amande au Danemark. Ce riz au lait revisité est un dessert traditionnel de Noël. Il a la particularité de cacher une amande entière que l'un des invités doit trouver, un peu comme la fève dans notre galette des rois.

Ingrédients
(pour 6 à 8 personnes)

- 60 g de riz rond
- 40 cl de lait entier
- 1 gousse de vanille ou 2 sachets de sucre vanillé
- 150 g d'amandes épluchées et hachées
- 5 c. à s. de sucre
- 30 cl de crème liquide
- coulis à la cerise

Préparation

Faites cuire 60 g de riz rond dans une casserole avec un tout petit fond d'eau bouillante sans cesser de remuer pour commencer la cuisson du riz. Ajoutez 40 cl de lait entier et 1 gousse de vanille fendue et portez à ébullition en remuant. Laissez cuire à feu doux, à couvert, pendant 30 min environ en remuant de temps en temps. Laissez refroidir complètement. Incorporez alors 150 g d'amandes en poudre et 5 c. à s. de sucre. Fouettez 30 cl de crème, puis intégrez-la au riz. Placez au réfrigérateur avant de servir dans des coupelles avec un coulis à la cerise chaud versé dessus.

Le gâteau roulé à la cannelle

Ingrédients
(pour 6 persones)

Pour la pâte :

- 50 g de beurre
- 1 tasse de lait
- 1 c. à c. de sucre
- 1 c. à c. de sel
- 1 jaune d'œuf
- 25 g de levure
- 250 à 350 g de farine

Pour la garniture :

- 100 g de beurre mou
- 100 g de sucre
- 2½ c. à s. de cannelle moulue
- lait
- sucre glace

C'est la recette scandinave qui fait l'unanimité, les *cinnamon rolls* ! Ici, ces petites brioches moelleuses sont rassemblées en un gâteau roulé gourmand. Vite, en cuisine !

Préparation

Faites fondre le beurre dans une casserole puis, hors du feu, ajoutez le lait, le sucre, le sel, le jaune d'œuf et la levure. Mélangez bien. Incorporez la farine et pétrissez la pâte jusqu'à ce qu'elle soit bien souple. Étalez-la sur une surface farinée en un carré d'environ 35 x 45 cm. Préparez la garniture : mélangez le beurre mou, le sucre et la cannelle, puis étalez immédiatement sur la pâte en une couche uniforme. Roulez la pâte sur la longueur comme une saucisse. Coupez-la en tronçons d'environ 3 cm d'épaisseur. Rangez les roulés côte à côte sur du papier cuisson, dans le fond d'un moule rond. Couvrez le plat avec un torchon et laissez pousser pendant 45 min. Badigeonnez-les au pinceau avec un peu de lait et enfournez-les à 180 °C (th. 6) en chaleur tournante pour 25 à 30 min.

Hot drinks

Quand il fait froid dehors, rien de mieux que de rester au chaud à déguster une grande tasse de café, de thé ou de chocolat chaud. 86 % des Danois associent les boissons chaudes au hygge. Pour eux, c'est le premier élément indispensable devant les bougies, les cheminées ou encore Noël. Les Danois sont les quatrièmes plus grands buveurs de café au monde. On vous propose ici 3 recettes originales pour changer du chocolat chaud ou du café au lait classique. Apprenez à faire votre chaï latte maison ou d'autres délicieuses boissons, comme le golden ou le pumpkin latte.

Le pumpkin latte

Préparé surtout à l'automne, pendant la saison des potirons, le pumpkin latte est une nouvelle version de latte gourmand à tester.

Préparation (pour 1 tasse)

Dans une casserole à feu moyen, fouettez 1 tasse de lait de coco, d'amande ou de soja, 1 c. à s. de crème épaisse fouettée, 6 carrés de chocolat et 1 c. à c. de poudre de cacao. Une fois que le chocolat est fondu et que la préparation a l'aspect d'un chocolat chaud lisse, incorporez 2 c. à s. de purée de potiron, 1 c. à s. de sirop d'agave et 1 c. à c. d'un mélange d'épices (cannelle, muscade, girofle, vanille, gingembre…). Mélangez jusqu'à ce que tout soit parfaitement homogène. Versez dans la tasse, ajoutez la crème fouettée et saupoudrez d'épices et de copeaux de chocolat.

Le golden latte

Cette boisson fait un carton, c'est la version épicée healthy du latte classique, à base de cannelle, gingembre et curcuma. À tester !

Préparation (pour 1 tasse)

Versez 1 tasse de lait de coco, d'amande ou de soja, 1 c. à s. de miel, 1 c. à c. de curcuma moulu, 1 c. à c. de cannelle en poudre et 1 petite pincée de poivre noir et de gingembre râpé dans une casserole et portez à ébullition en mélangeant au fouet. Réduisez à feu doux et laissez infuser pendant 10 min. Au moment de servir, ajoutez du miel ou 1 pincée de cannelle selon votre goût.

Le chaï latte

Peut-être le plus connu, le chaï latte est une boisson obtenue grâce à un mélange d'épices douces comme la cannelle et la cardamome. Une star du latte !

Préparation (pour 1 tasse)

Écrasez 4 graines de cardamome à l'aide d'un rouleau à pâtisserie et mettez-les à griller à sec dans une poêle chaude pendant 1 min avec 1 bâton de cannelle, 1 clou de girofle, 1 feuille de laurier et 1 pincée de mélange quatre-épices. Versez dans une casserole 1 tasse de lait de coco, d'amande ou de soja, 1 c. à s. d'eau, 2 c. à c. de thé noir en vrac et les épices précédemment préparées, et faites chauffer le tout en mélangeant. Maintenez à frémissement pendant 5 min, puis laissez infuser 5 min hors du feu. Filtrez et passez le tout au mixeur quelques minutes pour faire mousser le mélange. Servez dans la tasse, sucrez avec du sirop d'agave, ajoutez de la crème fouettée et saupoudrez d'1 pincée de quatre-épices avant de déguster.

Je me détends

Le hygge est aussi un art de la détente. Il n'y a rien de plus anti-hygge que le stress. Aussi, apprenez à mettre en place des rituels de bien-être anti-stress dans votre quotidien.

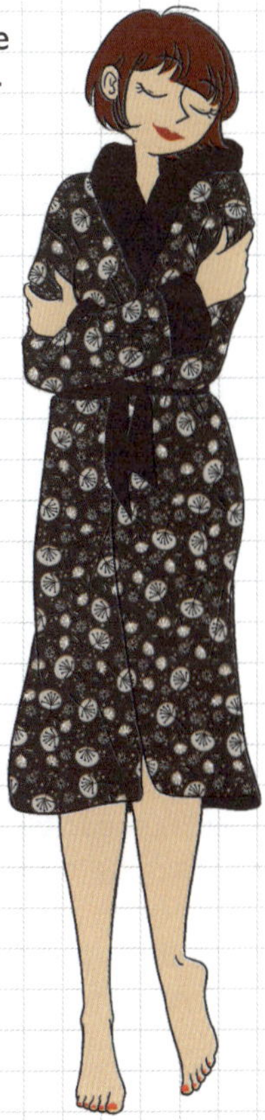

Je me mets à l'aise

Pour pratiquer le hygge dans des conditions optimales, il est indispensable d'enfiler une tenue confortable. Le soir, changer de vêtements permet de couper avec le travail et de se mettre en mode détente. En effet, une « tenue de maison » ou un pyjama le soir aide à se sentir tout de suite plus à l'aise, votre cerveau et votre corps reçoivent le message : « C'est bon, tu peux te relâcher. » On a toutes dans notre penderie des fringues pour traîner, ces vêtements doudou dans lesquels on se sent bien. Emmitouflez-vous dans une tenue confortable, un jogging, un legging, une robe tee-shirt en coton avec un sweat à capuche très doux. Aux pieds, on enfile de grosses chaussettes en laine et/ou des chaussons en fourrure ou en polaire. Vous pouvez aussi emprunter un vêtement à la personne que vous aimez pour avoir son odeur et penser à lui. N'hésitez pas à privilégier des matières douces et des formes dans lesquelles vous vous sentez à l'aise. En général, on choisit des vêtements amples, à manches longues ou avec une capuche, pour accentuer l'effet protecteur et réconfortant. Le plus important, c'est que ce soit confortable, chaud et douillet !

Les rituels détente

Il existe d'autres façons de créer des rituels de bien-être chez soi et dans sa vie de tous les jours. Faites-en autant de petits rituels quotidiens, pour apporter chaque jour du hygge à votre vie.

La force des rituels

La récurrence de ces rituels, qui se répètent chaque jour, chaque semaine, chaque mois, nous rassure comme lorsqu'on était enfant et qu'on nous chantait une chanson ou qu'on nous lisait une histoire pour nous endormir le soir. Ils sont la marque du temps qui passe, le rythme de notre vie, ils nous apaisent et nous procurent de la joie. Il est important de cultiver ces instants précieux où l'on s'autorise à appuyer sur la touche « pause » pour profiter d'un moment réconfortant. Et c'est d'une simplicité extrême, à la portée de tous.

Allumer des bougies

À commencer par allumer une ou plusieurs bougies dès le réveil ou le soir pour retrouver le calme d'un intérieur chaleureux.

Diffuser des huiles essentielles

Je préconise également l'utilisation d'un diffuseur d'huiles essentielles. Le seul fait de regarder le léger voile de fumée parfumée aux huiles essentielles s'en dégager apporte instantanément un sentiment d'apaisement. C'est à la fois beau, pratique et relaxant. Les huiles ont un effet sur les humeurs, vous pouvez donc choisir celle que vous souhaitez : anti-stress, énergisante, assainissante...

Vous pouvez utiliser votre diffuseur toute la journée. J'aime aussi le mettre en marche une vingtaine de minutes avant de m'endormir. Certains modèles ont une fonction de luminosité modulable, qui contribue à rendre l'atmosphère apaisante. Pour les petits budgets, optez pour un galet de diffusion. Pensez aussi à l'encens ou à un spray aux huiles essentielles (Puressentiel ou Naturactive) pour assainir votre intérieur ou à diffuser avant le coucher dans votre chambre pour une nuit calme et reposante.

Petit guide des huiles essentielles

Voici une sélection des huiles essentielles préconisées en fonction de l'humeur ou de l'effet feel good recherché.

- Tea tree ou arbre à thé : antibactérienne, antifongique, antivirale, immunostimulante.
- Lavande fine : anti-stress et anti-anxiété, relaxante, antidépressive.
- Menthe poivrée : antalgique local, tonique et stimulante, antibactérienne, antivirale.
- Mandarine : lutte contre les angoisses, l'insomnie, le stress et l'agitation en général.

Je me fais du bien avec des sports feel good

Pour prendre autant soin de son corps que de son esprit, l'activité physique, comme le yoga, le vélo, le Pilates ou la méditation, est une bonne méthode. Il est possible de lâcher prise tout en évacuant les mauvaises énergies et de dénouer les tensions, et c'est pour ça que certains sports sont dans l'esprit du hygge. Voici un guide du bien-être et de l'acceptation de soi à travers le sport.

Bye bye, sport minceur !

Aujourd'hui, faire du sport ne veut pas toujours dire avoir envie de maigrir. Les femmes qui font du sport ne cherchent pas forcément à perdre du poids. Lorsque l'on pousse la porte d'une salle de sport, on n'entend plus seulement brûler des calories, l'exercice physique doit servir à soigner le corps et l'esprit.

Témoignage de Lucie, journaliste, 26 ans

« Le sport m'aide à trouver mon équilibre »
« Je ne fais pas du tout du sport pour maigrir. J'ai fait une croix sur les régimes car j'adore manger et il est hors de question de me restreindre. Le sport me permet d'éliminer, de sculpter mon corps plutôt que de perdre du poids. »

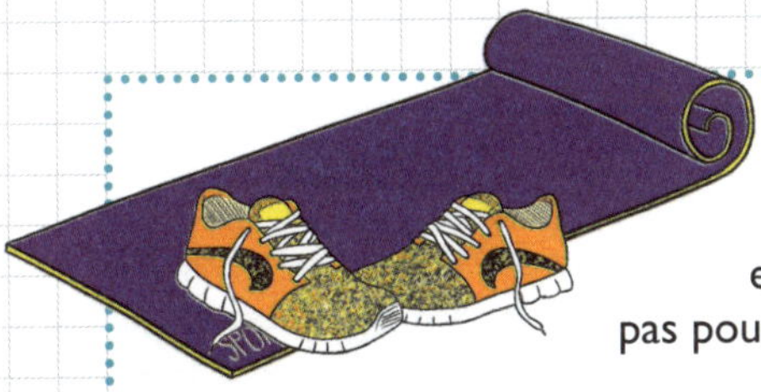

Témoignage de Mélanie, 28 ans

« J'ai toujours fait beaucoup de sport, tout en étant en surpoids. Pourtant, je n'ai jamais arrêté d'en faire, pas pour maigrir à tout prix mais car ça me fait du bien. »

Le sport feel good

Loin des salles de muscu et des cours de « renfo », un monde parallèle alliant sport et bien-être, lâcher-prise et acceptation de soi est en train de naître, avec des sports, des coachs et des studios qui vous poussent au-delà de la dépense physique, qui vous apportent quelque chose en plus. Ces nouvelles façons de faire du sport sont *feel good*. Elles procurent une autre sensation, un sentiment de délivrance, de concentration ou d'introspection qui nous aide à mieux nous connaître et nous aimer. Ainsi, le sport incarne une nouvelle façon de vivre, c'est devenu une porte d'entrée vers une vie plus saine et heureuse. Et c'est un bel état d'esprit hygge.

Aimez votre corps !

Tout le monde peut faire du sport, quel que soit son corps ou son poids. La clé, c'est de s'accepter et d'apprendre à aimer son corps. À partir du moment où on fait du sport, on peut être fière de son corps. Il devient plus ferme, plus fort, et le regard qu'on porte sur soi-même devient plus doux, plus satisfait. On se focalise sur les progrès et moins sur les défauts. C'est le début de l'amour entre soi et son corps.

Se concentrer sur les sensations

Au lieu de vous focaliser sur votre image ou vos performances et de vous complexer, concentrez-vous sur les sensations bien-être de votre corps pendant la séance. Essayez par exemple l'*indoor cycling* : plus que de seulement pédaler sur un vélo, la discipline connecte le corps et l'esprit en rythme avec de la musique, le tout dans la pénombre. Lors de ces sessions, pas de course à la performance ou aux résultats, pas de bracelet électronique ni de portable, interdits dans le studio. On se concentre sur soi et ça fait du bien. Et, en étant dans le noir, certaines personnes se désinhibent complètement et ne ressentent plus aucune pression ou le regard parfois très sévère qu'elles portent sur leur propre corps. Presque tout le monde est en brassière !

À pratiquer dans les salles Dynamo Cycling. Testez, la première séance est gratuite ! *www.dynamo-cycling.com.*

Les sensations bien-être

Si vous voulez être encore plus centrée sur les sensations bien-être, le yoga ou le Pilates permettent de se détendre rapidement. L'esprit répond au corps, aux muscles, ce qui est assez magique. Ces disciplines délassent le corps, recentrent l'esprit. Même si on fait travailler ses muscles, cela reste doux et accessible. Tout ce qu'il faut pour se sentir mieux. L'atmosphère des studios est souvent très hygge, avec des bougies, de bonnes senteurs et une ambiance chaleureuse !

Le sport, ma happy therapy

Pour vivre une expérience unique, il est bon d'être dans sa bulle, les yeux fermés tout en étant boostée par l'énergie et le rythme d'un groupe. À la fin d'une session de sport, il faut sentir que quelque chose a changé en vous, vous sentir différente. Arrêtez de vouloir tout contrôler, surtout pendant que vous transpirez ; lâchez-vous vraiment : criez, souriez, chantez et pleurez même, si vous en avez besoin. Le sport, c'est une véritable happy therapy !

Chapitre 3

Je profite des petits plaisirs de la vie

La vie réserve de bonnes surprises, c'est cette part d'inattendu qui rend la vie magique. Pourtant, il est facile de passer à côté. Le hygge, c'est justement profiter de tous ces petits plaisirs de la vie (pas un voyage à LA, mais plutôt une glace dégustée dans un parc en été). Les petits éléments du quotidien qui font plaisir, qui vous cocoonent, qui s'offrent à vous si vous savez les repérer et les apprécier à leur juste valeur.

Je me recentre !

Emporté par la frénésie du quotidien, la vitesse du temps qui passe, des rendez-vous, des imprévus, notre esprit se dissipe et nous oublions de faire attention à ce qui nous entoure. Nous allons vous expliquer en quoi écouter, regarder, sentir ou toucher peut vous permettre d'accéder à des petits plaisirs qu'il ne faut pas manquer. Reprenez pied dans la réalité et dans le présent, pour profiter à fond et ne jamais rater une occasion d'être heureuse. La solution bien-être, anti-stress et pleine conscience ? La méditation.

La mindfulness, qu'est-ce que c'est ?

La « pleine conscience » ou « mindfulness » est une forme de méditation fondée sur l'attention. Concept issu principalement du bouddhisme, la mindfulness est l'aptitude à observer ce qu'il se passe en soi ou hors de soi, à se connecter à son corps et à ses sensations. Plus concrètement, la mindfulness est une pratique qui aide à se focaliser sur les sensations corporelles pour s'apaiser, se relier à son corps. C'est ce qu'on appelle aussi la méditation de pleine conscience.

Quels sont ses bienfaits ?

Si, dans un premier temps, la recherche scientifique a démontré que la mindfulness améliorait la sensation de bien-être des personnes, elle a ensuite mené des travaux pour comprendre son implication à d'autres niveaux, tels que la créativité, la résilience ou la performance. En effet, une personne qui pratique la mindfulness est plus ouverte à toutes les remarques qui lui parviennent, gère mieux les situations de stress, est plus encline au bonheur et possède un sentiment d'efficacité personnelle plus élevé. La méditation permet également d'acquérir de la clarté, de renforcer ses ressources. Si la médiation peut sembler une activité passive, elle permet pourtant de développer de nouvelles réponses comportementales et relationnelles en favorisant l'écoute de son corps et la maîtrise de ses émotions.

Je me lance !

La méditation peut vous aider à entamer la journée pleine de pensées positives. Il existe plusieurs méthodes de méditation différentes, alors, à vous de trouver et de développer votre propre mode de méditation. Nous vous avons tout de même préparé une petite séance de 10 minutes qui est à la portée de tous.

Je m'installe

Avant de commencer, choisissez un endroit agréable et calme où vous ne serez pas dérangée. C'est peut-être le plus important. Installez-vous dans une position confortable. Vous pouvez vous asseoir par terre les jambes croisées, ou bien sur une chaise, bras et jambes décroisées, les pieds à plat au sol et les mains posées sur vos jambes. Il est essentiel de vous tenir droite mais sans être tendue, pour vous garder attentive mais confortable. Vous pouvez installer un petit coussin derrière votre dos si besoin.

C'est parti !

1. Prenez le temps de vous installer confortablement. Commencez la méditation les yeux ouverts sans rien regarder ou fixer en particulier. Inspirez profondément par le nez, concentrez-vous sur votre poitrine qui se gonfle en même temps que l'air remplit vos poumons, puis expirez lentement par la bouche. Répétez l'inspiration et l'expiration trois fois, puis fermez doucement les yeux à la dernière expiration. Désormais, concentrez-vous sur les parties de votre corps qui se reposent et se détendent, les pieds sur le sol, la sensation de lourdeur dans vos bras, dans vos jambes.
2. Essayez de comprendre comment votre corps se sent : commencez par le haut de votre tête et « scannez » votre corps de haut en bas en notant mentalement quelle partie de votre corps est crispée ou douloureuse. Maintenant, concentrez-vous sur les parties de

votre corps qui bougent en même temps que votre souffle : la poitrine, le ventre, les épaules peut-être ? Est-ce que votre souffle est long ou court ? Puis, laissez vos pensées prendre le dessus avant de ramener votre attention sur votre respiration. Dès que vous réalisez que votre concentration s'est dissipée, revenez à votre souffle et à son effet sur votre corps.

3. Enfin, prenez un moment pour lâcher prise. Laissez votre esprit divaguer, faire ce qu'il veut faire, ne pensez à rien. Lâchez tout. Puis ramenez votre attention sur vos sensations physiques. Pensez au poids de votre corps sur la chaise ou sur le sol. Essayez d'identifier les sons autour de vous, ouvrez doucement les yeux et étirez-vous. Comment vous sentez-vous ? Êtes-vous plus détendue, plus calme ?

> Essayez de pratiquer une médiation quotidienne de 10 minutes à la même heure de la journée, et idéalement au même endroit. Vous améliorerez votre concentration au fil des jours, des semaines et des mois.

Les 6 qualités hygge pour profiter de la vie !

Pour profiter et multiplier les petits bonheurs du quotidien, apprenez à aiguiser ces qualités essentielles à la pratique du hygge.

La confiance

La confiance tient une place primordiale dans la mentalité danoise et la pratique du hygge. Il s'agit de respecter l'autre et de lui faire confiance pour partager un moment convivial.
Le hygge est un moment précieux car il nous fait nous sentir en sécurité et en confiance chez nous ou chez autrui. Il est temps de baisser la garde et d'accorder votre confiance aux personnes qui vous entourent. À la clé : vous serez plus détendue, vous vous sentirez bien, parfaitement réceptive et ouverte à ce qui vous entoure et à tous les petits bonheurs qui se présenteront à vous !

> **La poussette insolite**
> Dans les pays scandinaves, ne soyez pas surprise de voir des poussettes garées en rang d'oignons devant les cafés, boutiques et restaurants… avec les bébés dedans ! Ça nous paraît fou, et pourtant, personne ne craint pour la sécurité de son enfant, qui dort bien couvert. Un parfait exemple de confiance !

La curiosité

C'est une qualité essentielle. La curiosité nous pousse à apprendre et comprendre de tout, de tout le monde. Intéressez-vous aux autres, à leurs passions, leurs origines, leur dernier voyage, vous trouverez ainsi forcément des points communs et entamerez une discussion passionnée. La curiosité, c'est aussi se forcer à sortir de sa zone de confort. Tentez de nouvelles choses, allez déjeuner dans un nouveau restaurant, changez vos habitudes et n'ayez pas peur de l'inconnu ! Intéressez-vous à ce que vous découvrez pendant une promenade, à un nouveau livre, à une nouvelle activité… Autant de possibilités de dénicher de petits bonheurs simples mais qui embellissent le quotidien !

L'écoute

On l'a vu, méditer est un bon moyen de s'exercer à être à l'écoute de son propre corps mais aussi de son environnement. Les bruits, les odeurs, les sensations en tout genre font partie de la vie, elles nous entourent et enrichissent nos journées. Jour après jour, essayez d'être attentive à tout ce qui vous entoure : le bleu profond d'une jolie porte cochère, l'odeur de la pluie, le bruit du vent qui secoue les feuilles des arbres, la couleur rose orangé du ciel, la chaleur d'une bougie, captez le rire des gens qui est souvent communicatif. Ouvrez-vous au monde !

L'enthousiasme

Ça peut paraître tout simple, mais l'enthousiasme est une qualité clé dans l'épanouissement personnel. Il faut essayer de garder son cœur d'enfant et ne pas hésiter à s'émerveiller de ce qui nous touche : sa chanson préférée qui passe à la radio, un chiot ou un chaton que l'on trouve mignon, un coucher de soleil ou un paysage. C'est aussi attendre avec impatience la fin de la cuisson d'un gâteau au four ou la sortie du nouvel album de son artiste favori, l'arrivée d'un proche ou d'un amoureux à l'aéroport, organiser et célébrer son anniversaire ou celui d'un(e) ami(e). Cultivez l'enthousiasme !

La spontanéité

Chaque femme a ses propres envies, selon son humeur, son état d'esprit et sa forme physique. Même si vous aviez prévu d'aller au cinéma ce soir, si vous n'avez finalement plus l'envie ou la volonté, changez de plan. Il est important de penser, d'agir ou de choisir quelle vie mener selon sa propre volonté. Vous avez le droit de faire évoluer votre journée, votre vie, votre agenda de manière autonome et spontanée. Décider de ce que l'on a envie de faire, à quelle heure, avec qui… nous aide à nous sentir libre et maître de notre vie. Cette sensation d'indépendance et de détermination vous poussera à apprécier les petits bonheurs de la vie, car vous serez toujours en phase avec vous-même. Apprenez à vous écouter et, surtout, ne vous forcez pas ! Vous verrez, vous nous remercierez.

La tolérance

La richesse du monde dans lequel nous vivons s'est bâtie à partir de sa diversité. Quelle tristesse ce serait si nous étions tous semblables, si nous pensions tous la même chose sur tout. La vie est pleine de surprises car nous sommes tous différents. Accepter et apprécier que les autres ne soient pas comme vous, c'est être tolérant. C'est en vous intéressant aux gens qui sont différents que vous arriverez à vous élever.

Less is more, encore !

Le hygge doit être simple et accessible à tous. Un chez-soi accueillant, confortable, beau, mais surtout pas luxueux. « Le hygge génère une énergie invisible qui se produit quand les gens sont ensemble et veulent être présents les uns pour les autres. Ça ne doit pas être quelque chose de fastueux ou de pompeux. Il s'agit souvent de moments simples que l'on peut créer même tout seul pourvu que l'on soit soi-même », précise Iben Sandahl.

Je planifie mes moments hygge

L'avantage avec le hygge, c'est que les petits bonheurs peuvent surgir à chaque instant et naître de n'importe quoi. C'est imprévisible, et c'est tant mieux, car, à part un peu d'attention, ça ne demande aucun effort ! Mais provoquer un peu les choses ne peut pas faire de mal. Surtout, planifier vos moments hygge vous met totalement en condition pour accueillir le prévu comme l'imprévu, pourvu qu'il soit hygge !

Passion planning

Il est de plus en plus difficile de se consacrer du temps à soi, sans contraintes ni horaires. On a tendance à penser que le hygge est quelque chose qui a lieu spontanément, et c'est vrai, mais ça se prévoit également. Le temps est si précieux que les Danois l'organisent et le gèrent à la perfection. C'est une astuce efficace pour appréhender sereinement les semaines chargées et s'assurer une vie sociale bien remplie, et donc épanouie.

Impossible de croiser un Danois sans un agenda !
« Au Danemark, nous ne sommes pas très spontanés dans notre manière de vivre. Nous organisons notre vie longtemps à l'avance : j'ai reçu ma première invitation de dîner de Noël en septembre ! Je pense que c'est un bon moyen de conserver de bonnes relations avec nos amis », explique l'ethnologue danoise Gitte Mikkelsen.

Donnez un petit coup de pouce au hygge !

Si regarder un film est votre rituel du vendredi soir, donnez à la soirée un côté exceptionnel, avec vos snacks préférés, des bougies et des tas de coussins pour vous pelotonner.

5 petits plaisirs par semaine

Pour provoquer des petits plaisirs, relevez ce défi ! Planifiez 5 petits plaisirs simples par semaine dans un petit carnet dédié au hygge. Quelques petites idées pour vous aider : prenez le temps de faire ce qui vous fait plaisir chaque jour, buvez une tasse de votre café ou de votre thé préféré, allumez une bougie et regardez-la se consumer doucement, cuisinez une recette que vous aimez.

- Mon petit plaisir n° 1 de la semaine (jour : ....) : ....
- Mon petit plaisir n° 2 de la semaine (jour : ....) : ....
- Mon petit plaisir n° 3 de la semaine (jour : ....) : ....
- Mon petit plaisir n° 4 de la semaine (jour : ....) : ....
- Mon petit plaisir n° 5 de la semaine (jour : ....) : ....

Prévoir du temps pour soi

Je déstresse !

« Dans une vie faite de responsabilités et de pression où vos journées sont chargées, c'est important de conserver des moments à soi et même de les planifier. Prenez une heure par jour pour vous, pour faire ce que vous aimez, ou justement ne rien faire si c'est ce dont vous avez envie. En général, je dirais que mes moments hygge s'organisent de manière spontanée, mais je peux aussi prévoir un moment dans une semaine particulièrement saturée où je vais avoir du mal à dégager du temps pour moi », se confie Caroline Birk Bahrenscheer, chargée des relations presse et de la communication digitale de Stelton, une société danoise de design.

Revenir plus fort !

Anticiper et prévoir ses moments hygge perso permet d'être plus productive et concentrée au travail tout en sachant déjà qu'il y a un moment dans la journée ou dans la semaine où l'on pourra décompresser ! Le principe : on ne peut pas être disponible pour les autres ou pour son travail si l'on n'est pas disponible pour soi en premier lieu. Il est indispensable de consacrer du temps à son bien-être, tout simplement pour se recharger en énergie et être capable d'affronter son travail et d'être présente pour les gens que l'on aime. Car il n'y a rien de plus énergivore que le stress. Le hygge est le meilleur moyen d'être efficace et disponible pour son entourage.

Se créer un agenda 100 % feel good

Apportez du hygge à votre agenda. Pensez à noter vos rendez-vous dans votre agenda ou l'application calendrier de votre smartphone. Non, pas vos rendez-vous pro ou les contraintes (vous savez, le relevé de compteur d'électricité ou la date limite pour payer ses impôts, anti-hygge…) ! Notez plutôt les bons moments, les petits événements que vous attendez avec impatience. Par exemple, quand vous voyez la bande-annonce d'un film qui a l'air top, notez sa date de sortie dans votre agenda. Ça marche aussi avec la sortie d'un nouvel album, une

L'art du hygge consiste à laisser vos sens profiter des petits moments du quotidien. Alors, vivez l'instant présent sans penser à ce qui vous attend après, à ce que vous devez faire ou à ce que vous avez oublié de faire.

expo, un jour férié, les 30 ans de votre meilleure amie, un voyage… L'astuce magique ? Associez à chaque événement un emoji. Rien de tel pour apporter un côté motivant et feel good à votre agenda surbooké !

Laisser la place à l'imprévu

Le hygge est intimement lié aux émotions qu'on ne peut forcer. Une blague danoise dit d'ailleurs : « Maintenant, allons hygge », et l'ironie est qu'on ne peut pas vraiment le provoquer. Aussi, n'hésitez pas à décider, sur un coup de tête, de vous faire plaisir avec un moment hygge. Si, à la sortie du bureau, vous avez envie de boire un verre avec vos collègues, faites-le. En rentrant chez vous, au lieu de vous affaler seule sur le canapé, regardez un film à plusieurs… Suivez vos envies, surprenez-vous sans stress !

Créer sa timeline de moments hygge

Pour décupler le pouvoir positif de ces moments hygge, l'important est d'en prendre conscience.

5 moments hygge par jour

Il s'agit de noter ces moments où vous êtes bien, ce qui vous fait plaisir, même quelque chose qui pourrait paraître anodin, comme l'odeur de vos draps frais et propres, le soir quand vous vous couchez. Ainsi, vous ne risquez plus de passer à côté, et même, vous allez en voir bien plus que cinq !

Moment hygge n° 1 : ....

Moment hygge n° 2 : ....

Moment hygge n° 3 : ....

Moment hygge n° 4 : ....

Moment hygge n° 5 : ....

Cultiver la gratitude

La gratitude, c'est quoi ? C'est ce moment où tu réalises que ta vie est cool. Ce moment où tu as envie de dire : merci la vie, il fait beau, je me sens bien. Ça peut paraître évident, mais c'est bon de prendre conscience de sa chance. Prendre conscience de tout le bien qui nous arrive et adopter une attitude positive pour provoquer plein d'autres petits bonheurs.
Nous relevons naturellement ce qui ne va pas, ce qui pourrait être amélioré. Vouloir un meilleur salaire, un plus grand appartement, plus de vacances… mais l'important est de retenir que vous avez un travail, un logement et les moyens de partir en vacances. Voir la vie ainsi vous permettra d'apprécier ce que vous avez déjà, de profiter de ce que vous avez construit, seule, et d'en être fière.

Qu'est-ce que c'est ?

Quand la vie vous offre un moment de joie, en prendre conscience et en être reconnaissante décuple votre sentiment de bonheur. Toute source de bien-être mérite votre gratitude. Il convient dans un premier temps de vous en rendre compte, ce peut être un don matériel (cadeau) ou immatériel (soutien moral, présence, moment), et de définir la valeur du bienfait qu'il vous procure.

Comment ça marche ?

En fait, la gratitude nous aide à recentrer notre attention sur les choses heureuses de notre vie et à la détourner de ce qui lui manque. La gratitude nous pousse à développer des émotions positives en nous concentrant sur nos chances, en appréciant ce que l'on a déjà plutôt que de vouloir autre chose. Autre avantage, la pratique de la gratitude détourne l'attention de soi vers les autres et permet ainsi de se décentrer : une attitude, qui non seulement nous soulage de la pression que nous nous mettons à nous-même, mais nous fait également entrer dans une relation chaleureuse au monde et aux autres.

La gratitude, c'est aussi envers les autres !
C'est une mécanique en chaîne qui peut se mettre en place facilement. Par exemple, pensez à remercier les amis qui vous ont reçue à dîner, souvenez-vous de ce que votre frère, votre sœur a fait pour vous pour savoir lui rendre la pareille le moment venu. Vous verrez, ça fait chaud au cœur de se sentir aimé et de recevoir, mais c'est aussi très agréable d'offrir soi-même.

Pourquoi en avons-nous besoin ?

Pratiquer la gratitude au quotidien est un gage de bonne santé physique et relationnelle. Notre état général est plus positif, enthousiaste au quotidien et optimiste sur l'avenir. La gratitude nous encourage à prendre davantage soin de nous-mêmes, notamment par la pratique d'activités sportives. On peut également constater une baisse du niveau de stress, une meilleure qualité du sommeil, une plus grande détermination, une performance accrue et une chute du risque de dépression.

DIY pot de gratitude

Voilà un exercice pour ne pas oublier tous les petits bonheurs que la vie met sur votre chemin.

1. Choisissez un pot vide style Le Parfait ou autre pot à confiture. Vous pouvez le personnaliser avec une jolie étiquette ou un Post-it, du masking tape, des paillettes… bref, ce qui vous inspire.
2. Prenez l'habitude de déposer dans ce pot de petits papiers sur lesquels vous écrirez les expériences et les petits bonheurs quotidiens pour lesquels vous éprouvez de la gratitude. Par exemple, vous pouvez noter un moment joyeux de votre journée, un beau cadeau que l'on vous a fait, une consécration dans le travail, la beauté de la nature que vous avez observée et qui vous a touchée, un rêve qui s'est réalisé…
3. À la fin de l'année, ou quand vous en éprouvez le besoin, ouvrez votre pot de gratitude et revivez ainsi ces moments de bonheur.

Let's go hygge green !

S'il y a bien une source de petits bonheurs inépuisable, c'est la nature. Elle tient une place importante dans l'art du hygge. Que vous aimiez prendre du temps pour méditer, marcher, jardiner ou vous occuper de votre animal de compagnie, une escapade en pleine nature peut vous aider à souffler un peu et profiter d'un moment de détente.

« La nature joue un rôle très important dans la vie des Danois. Quelles que soient les températures, ils apprécient passer du temps dehors. Nous pratiquons beaucoup d'activités de plein air, comme la randonnée, le vélo, la pêche. On entretient un lien assez fort avec la nature », confirme la blogueuse danoise Emily Louise Salomon.

Le pouvoir de la nature

Écouter le bruit des feuilles ou des petites branches qui craquent sous nos pas à l'automne, mettre les mains dans la terre pour jardiner, puis voir pousser une plante ou une fleur… Pour toutes celles qui vivent en ville, retrouver une vue dégagée en pleine nature (champ, mer, montagne, forêt…) procure instantanément un sentiment de liberté et de bonheur. Tous ces petits plaisirs liés à la nature sont des moments hygge à cultiver autant que possible. Que vous soyez plutôt forêt, campagne, mer ou montagne, les escapades sauvages et les belles balades sont parfaites pour lâcher prise et se reconnecter. À vous de planifier votre prochain week-end ressourçant !

Le témoignage hygge de la blogueuse danoise Emily Louise Salomon

« Dans ma famille, nous avions l'habitude de promener les chiens dans les bois tous ensemble le week-end. C'était particulièrement magique aux changements de saison. En automne, les feuilles changent de couleur, il y a des noisettes, des champignons et des châtaignes à ramasser. Après notre grande marche, on rentrait se réchauffer en mangeant des petits pains maison avec du chocolat chaud. Ça faisait partie d'une tradition familiale. »

Green thérapie

Il a été prouvé que la simple vue de la couleur verte des plantes peut nous apaiser pendant une journée de travail interminable. Apporter une plante verte au bureau, ou simplement des éléments de couleur verte fonctionne aussi pour s'apaiser. De la même façon, une photo de paysage vous reposera presque aussi bien que si vous aviez vu le paysage de vos propres yeux !

Les sons de la nature
Noisli est une application qui génère des bruits de la nature pour vous aider à vous concentrer, et donc à mieux travailler. Très facile d'utilisation, l'interface propose une sélection de bruits à écouter en fond sonore pour travailler efficacement. Vous pouvez aussi composer votre propre musique à partir des bruits de la pluie, d'un orage, du vent, des oiseaux, des feuilles, de l'eau, de la mer, du feu, du brouhaha d'un café… L'intensité de chaque son est ajustable et il est également possible de superposer plusieurs bruits. Testé et approuvé !

Passion vélo

Pour profiter de la nature au quotidien, rien de mieux que le vélo. C'est le moyen de transport préféré des Danois. À Copenhague, il y a désormais plus de vélos que de voitures qui circulent. Prenez votre vélo pour vous balader le week-end en forêt, en ville ou à la campagne. Un moment hygge et feel good assuré !

En quoi le vélo est-il hygge ?

Le vélo est un plaisir presque régressif qui nous ramène à notre enfance insouciante. Rouler à vélo procure un sentiment inattendu de liberté que l'on ne découvre qu'en pratiquant, le visage au vent. C'est aussi bon pour la santé et pour l'environnement. Ça permet de faire du sport pendant ses déplacements, et gratuitement ! On peut pédaler à plusieurs, faire de belles balades, s'arrêter pour pique-niquer, bref, que des avantages !

Vous pouvez même participer au Ride Béret Baguette, une grande balade à vélo vintage organisée à Paris, au Tour de Rance à Dinan ou à l'Anjou Vélo Vintage à Saumur.

Keep positive !

Profiter des petits bonheurs de la vie, saisir le moment présent, pratiquer la gratitude… En fait, le hygge, c'est de la positive attitude ! Pour vous aider à développer cette façon de vivre, comprendre et pratiquer la pensée positive, voici quelques conseils. Ne vous laissez pas abattre par les problèmes de la vie quotidienne. Boostez votre potentiel au bonheur et voyez la vie en rose !

À la recherche du bonheur

« Es-tu heureuse ? » Si une copine vous posait cette question, qu'est-ce que vous lui répondriez ? « C'est une question très subjective. On se focalise souvent sur des problèmes qui n'en sont pas vraiment. Tout peut devenir source de malheur si on décide que cela devient un problème », argumente Gitte Mikkelsen, ethnologue danoise qui vit et travaille à Copenhague. En effet, nous avons la manie de voir le verre à moitié vide, de tout dépeindre en noir, de nous attarder sur les imperfections… Il est grand temps d'apprendre à se concentrer sur le positif ! Nous allons vous expliquer comment pratiquer et développer la pensée positive pour mieux apprécier votre vie.

La pensée positive, qu'est-ce que c'est ?

Plus qu'un concept, la pensée positive est une philosophie de vie qui nous pousse à nous concentrer sur le positif plutôt que le négatif. À utiliser nos forces de caractère, nos compétences au bonheur, plutôt qu'à essayer de combler ce qu'il nous manque. Il s'agit de booster ses qualités plutôt que de remédier à ses défauts. La pratique de la pensée positive nous permet d'appréhender les événements de la vie avec courage et optimisme.

Comment mettre en place la pensée positive ?

Voici quelques petits conseils pour mettre en place des réflexes de pensée positive dans votre vie.

La psychologie positive, selon le chercheur Martin Seligman, nous apprend qu'il est possible d'entraîner son esprit à percevoir ce qu'il y a de gratifiant et de joyeux plutôt que se concentrer seulement sur les difficultés. Et que le rôle central de la psychologie scientifique devrait être d'aider chacun à trouver cet équilibre vers le positif. L'objectif de la psychologie positive est de développer notre capacité d'aimer et d'être aimé, de donner du sens à nos actions, de nous rendre responsables de ce que nous pouvons changer, et de nous faire accepter ce que nous ne pouvons éviter. Il est possible d'entraîner le cerveau vers une mécanique du bonheur.

Petit exercice de psychologie positive

Notez dans un journal, au moins une fois par semaine, les événements les plus positifs que vous avez vécus et comment vous y avez contribué. Après seulement quelques semaines, vous sentirez grandir la satisfaction que votre vie vous procure, et vous serez heureuse de constater votre contribution.

Positive friendly

La connexion aux autres est une grande source de bonheur. C'est prouvé, les gens sont plus heureux lorsqu'ils sont en compagnie d'autres personnes. Ce qui construit le bonheur, c'est l'engagement dans une relation amoureuse, au sein de sa famille ou dans le travail. Ainsi, vous pourrez vous servir de ce que vous avez de mieux en vous pour contribuer au bien-être des autres !

L'ennemi du bonheur est la peur

La peur de ne pas être à la hauteur, de décevoir, la peur d'échouer. C'est en refusant de faire ou de dire les choses que nous créons nous-mêmes de la frustration et un sentiment d'infériorité. Je le dis souvent, le plus grand risque est de ne pas en prendre dans la vie. Il est donc important de savoir où vous voulez aller, ce que vous voulez faire, et surtout quel est votre rêve afin de ne jamais abandonner vos convictions. Avoir un objectif stimule et électrise. Même la peur ou le stress peuvent être positifs si cette énergie est utilisée pour être plus productive, plus déterminée et pour avancer.

Croyez en vous !

Le sentiment d'infériorité empêche la réalisation des rêves alors qu'une juste estime de soi permet de se lancer. C'est là toute l'importance d'adopter une attitude positive. Si, avant même d'avoir essayé, vous êtes déjà persuadée que vous n'y arriverez pas, alors à quoi bon ? Bien sûr, on ne peut pas tout contrôler. L'idée, c'est de se concentrer sur ce qu'il y a de positif et de toujours se dire qu'on va y arriver, qu'on va atteindre ses objectifs, réaliser ses rêves. La méthode Coué, ça vous dit quelque chose ? Essayez de pratiquer la pensée positive pour avancer dans la vie, et vous verrez que ça marche ! Votre nouvelle devise : *« All that you are is the result of all that you want. »* Ce qui signifie : « Tout ce que tu es est le résultat de tout ce que tu veux. »

Témoignage de Margaux

« J'avais postulé pour un stage dans la mode où 200 candidatures avaient été déposées. Je rêvais d'intégrer cette maison de mode. Tous les jours, ma mère m'a fait répéter : *"Je suis prise en stage chez Claudie Pierlot."* Quelques jours plus tard, j'ai été rappelée et j'ai décroché le fameux stage. Je suis sûre que mes employeurs ont dû lire sur mon visage toute ma détermination et ma volonté d'intégrer l'équipe. C'est un fait, les autres vous considèrent tels que nous nous considérons nous-mêmes. »

Stop culpabilité !

Nous ne sommes pas forcément tous égaux face au bonheur. Nous connaissons tous des moments plus heureux que d'autres, même dans une journée. C'est la vie. Alors, ne culpabilisez pas, ne vous inquiétez pas. Sachez que le bonheur se consolide dans le temps, ce n'est pas un état permanent. Personne n'est heureux du premier au dernier jour de sa vie. Le plus important est de savoir capter les étincelles de joie que la vie nous offre et de les apprécier. Et vous avez, comme nous toutes, ce truc en vous qui vous pousse à faire les bons choix et à être vraiment vous-même. Faites-vous confiance et souriez !

Chapitre 4

Je pratique le hygge au travail

En moyenne, les Danois passent moins d'un tiers de leur temps au travail – le rêve, non ? Et pourtant, ils sont plus productifs que la plupart des gens dans le monde. Pour eux, le travail est aussi un excellent vecteur de satisfaction et de bonheur. Bref, votre job doit être feel good !

Le hygge au travail, c'est quoi ?

C'est créer un sentiment de bien-être au bureau. Par exemple, en ayant un travail où vos horaires sont flexibles, où vous avez la possibilité de progresser et d'être autonome. Bref, de gérer votre barque avec un travail à votre mesure et qui vous satisfait. Si ce n'est pas quelque chose d'envisageable dans votre travail, vous pouvez toujours créer un sentiment de bien-être au bureau vous-même. À commencer par passer de bons moments entre collègues. Pas de panique, nous allons vous guider avec des idées simples pour vous sentir bien derrière votre ordi.

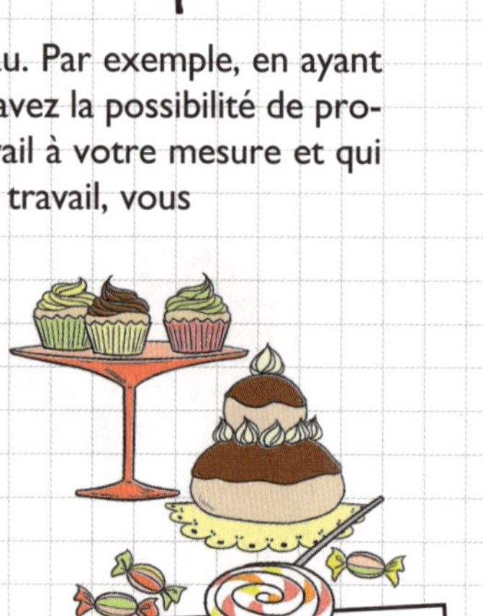

Work friends

Le job de rêve, c'est celui où vous aimez ce que vous faites et où vos collègues sont devenues votre bande de copines. Qu'à cela ne tienne ! Comme à la maison, le hygge au travail est fait de petites traditions feel good qui vous rapprocheront obligatoirement. Prenez ensemble une tasse de thé en discutant à la

L'importance de la ponctualité
« Si tu as dix minutes de retard le matin, ce n'est pas ton boss qui va te le faire remarquer, ce sont tes collègues. Car c'est aussi à eux que tu as fait perdre dix minutes et ils n'envisagent pas que tes minutes de retard soient plus précieuses que leurs minutes à t'attendre. C'est toute une mentalité », explique Sylvie Laplaze Rohrdanz, une Française mariée à un Danois qui vit à Copenhague.

pause, choisissez un jour de la semaine pour déjeuner ensemble, apportez un gâteau à tour de rôle… Partagez des choses ! Passez-vous vos films ou vos livres préférés, vos bonnes adresses, vos bons plans… En plus, entretenir de bonnes relations avec vos collègues facilitera vos collaborations, vos prises d'initiatives et entraînera une meilleure cohésion d'équipe. C'est quand même sympa de vous sentir épaulée dans vos projets !

Le bonheur au travail

Que vous soyez hyperactive et ultra-sociable, imperturbable et studieuse ou très à l'aise au bureau, nous allons vous donner quelques conseils pour adopter une attitude hygge au travail.

Personnalisez votre bureau

Créez-vous un espace hygge au bureau pour vous y sentir comme à la maison. Personnalisez votre espace de travail autant que possible. Il faut que ce soit un peu votre deuxième maison : apportez des photos, votre tasse préférée, du bon thé ou du café, une bougie parfumée, une crème hydratante pour les mains et un bouquin ou un magazine à lire pendant une pause.

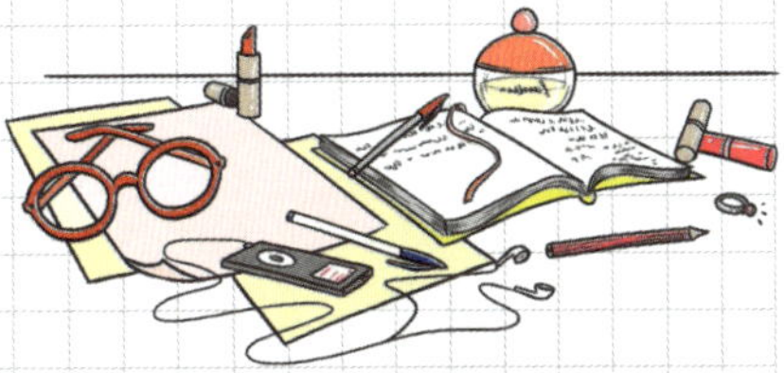

Utilisez la nature

Il est possible de générer des sentiments hygge par une marche, par exemple, comme a l'habitude de le faire Caroline Birk Bahrenscheer : « Après notre déjeuner, on sort marcher dans le quartier quelques minutes entre collègues pour discuter, respirer l'air frais et profiter du soleil, surtout en hiver. » Avoir une petite plante au bureau et s'en occuper peut aussi avoir un effet étonnamment puissant sur votre humeur au travail. Quelle satisfaction de la voir pousser ! Pour celles qui n'ont pas la main verte, optez pour une plante grasse ou un cactus, plus facile à entretenir.

Optimisez votre pause déjeuner

Ne restez pas assise à votre bureau pendant la pause déjeuner. Allez déjeuner dehors avec des collègues ou profitez-en pour faire quelques courses, une promenade, ou tout simplement lire un livre dans un endroit tranquille. Après le stress et la concentration d'une demi-journée de travail, cela permet de vous recentrer sur vous, vos sensations et votre bien-être.

Adaptez la lumière

Bannissez les néons blancs et agressifs de votre bureau et optez plutôt pour une bonne lampe de lecture avec une ampoule à lumière chaude, légèrement orange. Préférez les ampoules à filaments, moins agressives et une intensité lumineuse faible à moyenne (220-240 volts ou 40 watts).

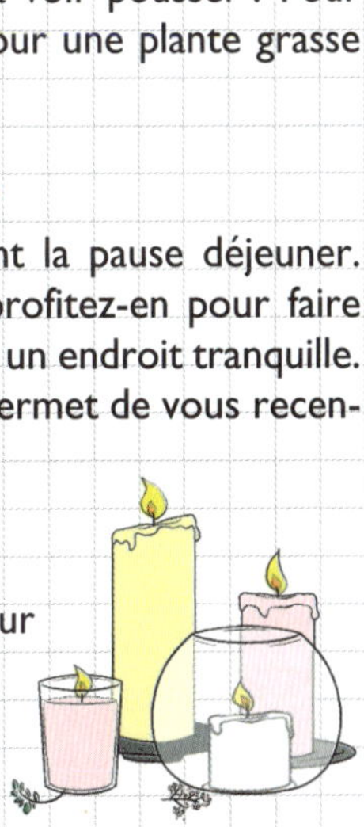

Pour vous immerger dans le travail, la lumière doit éclairer le bureau, et ne doit pas croiser votre regard, ce n'est pas bon pour les yeux ni pour la concentration. Si votre société vous l'autorise, il est également intéressant d'investir dans une bougie parfumée à poser sur votre bureau. Il n'y a rien de plus hyggelig !

Travaillez en musique

Écouter de la musique peut aider à se concentrer ou à être plus productive. Si vous travaillez en open-space et que vous avez besoin d'être tranquille, mettez vos écouteurs et choisissez une chanson adaptée. Si tout le monde dans le bureau est d'accord pour choisir une station de radio ou une playlist, profitez-en ! La musique est la clé d'un environnement hyggelig.

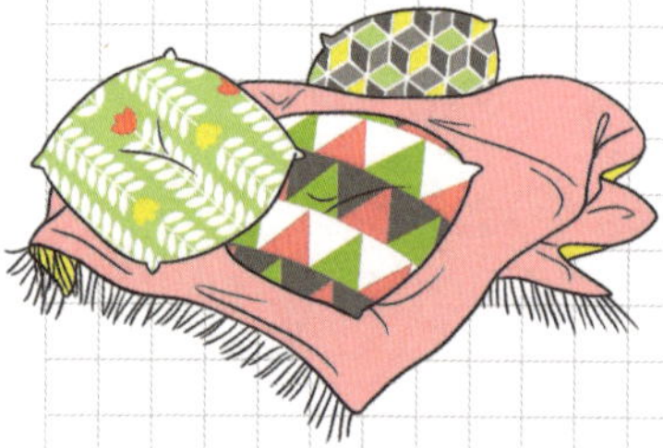

Cocoonez-vous

Durant les mois les plus froids, c'est une bonne idée de stocker quelques accessoires confortables au travail, comme un pull en cachemire, une paire de chaussettes de rechange (parfait quand la pluie mouille vos chaussures)… Et, bien sûr, il n'y a rien de mieux que de se blottir dans un bon gilet oversize ou un joli poncho au travail.

L'équilibre travail/vie privée

Au Danemark, chaque personne gère ses responsabilités de manière autonome en échange d'un degré de flexibilité nécessaire à l'équilibre travail/vie perso. Le fait de savoir que votre contribution individuelle est reconnue et permet à toute l'équipe de fonctionner est valorisant. Le travail peut être une source de moments hygge à partir du moment où vous arrivez à maintenir cet équilibre.

Organiser votre temps.

C'est le plus grand défi : arriver à répartir votre temps tout en conservant un niveau élevé de concentration et de performance. Vous ne devez pas forcément vous couper de votre travail une fois que vous avez quitté votre bureau, mais il est essentiel de savoir s'écouter et prendre vraiment du temps pour soi afin d'être plus performante le lendemain.

Témoignage de Caroline, créatrice du blog September Edit et chargée de relations presse et de communication digitale au Danemark

« Je pense que si vous aimez votre métier, c'est assez difficile de vraiment séparer votre vie professionnelle de votre vie personnelle. Quand on vit dans une grande ville, c'est plus facile de combiner les deux. On peut aller boire un verre ou un café en sortant du travail, puis rentrer dîner à la maison et travailler un peu à nouveau de chez soi. Alors, il suffit de trouver un équilibre. Mais je pense qu'il est important de savoir s'écouter. Pour certaines personnes, il est possible de se déconnecter totalement du travail jusqu'au lendemain matin, mais en ce qui me concerne, c'est différent. Mon travail est assez similaire de ce que j'aime faire pendant mon temps libre, donc j'ai la sensation de ne jamais vraiment travailler. Je m'intéresse beaucoup à ce qu'il se passe sur les réseaux sociaux, je lis aussi beaucoup de magazines, donc d'une certaine façon je suis toujours en veille. »

Stop à la pression des horaires

On suppose souvent, à tort, que le temps équivaut à la productivité. Mais il est impossible de mesurer la charge de travail effectuée par rapport au temps passé à l'effectuer. Les Danois ont décidé de faire confiance à leurs employés, qui peuvent quitter leur poste librement, sans horaires. En France, ce n'est pas la même histoire. Nous travaillons plus (en nombre d'heures) mais nous sommes moins concentrés et efficaces. Nous subissons également beaucoup de stress et de pression sur notre lieu de travail. Il est parfois mal vu de quitter le travail à l'heure. Si vous êtes convaincue que vous avez bien fait votre travail et que vous pouvez partir, n'hésitez pas à le faire remarquer et n'oubliez pas de garder confiance en vous.

Donnez la priorité à votre bonheur

Dans la culture danoise, les gens sont encouragés à valoriser leur famille et à indiquer des rendez-vous liés à la vie perso dans leurs agendas pro. Il n'y a pas de honte à prioriser sa famille ou sa vie perso quand c'est nécessaire. Et vous méritez la même liberté. Alors, vous aussi, faites valoir vos droits sans aucune crainte ni honte. Des travailleurs plus heureux sont de meilleurs travailleurs. C'est vrai, certaines personnes pensent que le secret du bonheur au travail serait simplement d'abaisser nos attentes, mais adapter la philosophie du hygge au travail est une bonne manière de se sentir bien tout en restant productive.

Une journée de travail avec Emily Salomon, blogueuse

« Je poste mon article du jour sur le blog le matin, puis je consulte et réponds à mes mails. J'essaye vraiment de faire une chose à la fois pour rester concentrée et parce que c'est plus efficace. »

→ Vous aussi, quand vous commencez quelque chose, assurez-vous d'achever votre tâche avant de passer à une autre. Cela évite les erreurs, les oublis, et c'est plus productif.

« L'après-midi, j'ai souvent des rendez-vous à l'extérieur pour créer du contenu pour mon blog, puis je rentre au bureau pour consulter à nouveau mes mails. Je pense qu'il est important de répondre à ses mails dans les 24 heures, mais pas forcément dans la minute. Je le fais uniquement deux fois par jour. »

→ Vous pouvez aussi vous caler quelques sessions ponctuelles de traitement de mails pour ne pas passer votre journée à jongler entre votre to do list et votre boîte mail.

« Le soir, j'établis une heure de fin de journée et je m'y tiens. J'éteins mon ordinateur et je ne le rallume que le lendemain matin. Ça ne me dérange pas de travailler beaucoup, mais je veux également avoir du temps pour moi. »

→ Encore une fois, c'est une bonne chose de s'organiser en se fixant une deadline pour chaque tâche, et surtout une heure de fin (sans urgence). Vous serez forcée de vous secouer et pourrez mieux profiter de votre soirée. Car, à l'inverse, plus on a de temps devant soi, plus on en prend !

Chapitre 5

Hygge with friends

C'est ce qui fait la différence avec le cocooning, ce qui fait le vrai hygge 100 % danois : la convivialité ! Et, en effet, le bien-être et le bonheur sont décuplés quand ils sont partagés !

Bonheur partagé, bonheur décuplé

La convivialité nous permet de construire des souvenirs heureux. Vous savez, cette sensation de bien-être, de chaleur et de proximité. Ces bons moments dont on se reparle entre amis pendant des années. Le partage renforce l'intensité du moment, puisque vous profitez de vos émotions, mais aussi de celles de l'autre, de la connexion qui existe entre vous à ce moment-là !

Les bienfaits de la convivialité

Ils sont nombreux : apaisement, confort, sécurité, confiance… Ces moments privilégiés de partage nous permettent de baisser la garde, de nous détendre et de nous sentir bien, tout simplement. Nos relations amicales et familiales sont souvent un bon indicateur de notre niveau de bonheur. Si vous êtes en bons termes avec tous vos amis et les membres de votre famille, vous êtes probablement en paix avec vous-même.

Je laisse tomber les règles

« Si le hygge était une équation mathématique, ce serait : relaxation + soirée entre amis = hygge. Ça n'a rien à voir avec une soirée au restaurant ou une fête, c'est vraiment être chez soi en pyjama », explique l'ethnologue danoise Gitte Mikkelsen.

Les bonnes idées pour vivre des moments intenses en émotion

- Approfondir les conversations, les rendre plus intimes.
- Vivre ensemble de nouvelles expériences.
- Exprimer les sentiments qu'on ressent pour ses amis et sa famille.

C'est justement une forme de lâcher-prise que d'inviter ses amis à dîner ou pour regarder la télé sans s'habiller pour l'occasion. « Les soirées hygge se déroulent souvent dans l'intimité et en toute simplicité. Vous n'avez surtout pas à être tirée à quatre épingles ni à manger d'une certaine façon. Vous pouvez au contraire porter un gros pull confortable, faire la cuisine ensemble et grignoter avec les mains. Je pense que c'est une très bonne chose d'oser se retrouver à la maison dans une tenue décontractée, surtout lorsque l'on vit dans une société où tout va très vite », ajoute-t-elle.

Les 10 règles de la convivialité

Pour vous aider à créer et tirer profit de la convivialité, voici les 10 règles hygge à appliquer à vos relations.

Règle n° 1 : Écoutez !

C'est une qualité qui n'est pas innée, mais pourtant nécessaire dans les relations humaines. Savoir écouter l'autre, le laisser développer sa pensée, argumenter ses idées avant de lui répondre. Être très attentif à votre interlocuteur lui donne la sensation d'être important à vos yeux, d'avoir de la valeur. C'est bien le cas, non ? C'est une marque d'attention très recherchée et très appréciée. En groupe, il est essentiel d'engager une discussion qui concerne tout le monde et de laisser chaque participant s'exprimer. Ce n'est pas facile, certes, pourtant écouter et comprendre l'autre nous permet de mieux mûrir notre propre réflexion et adoucit les échanges. Ça aiguise aussi notre intuition !

Règle n° 2 : Jouez !

Pas de honte à apprécier un moment régressif. Un bon jeu a le mérite de mettre l'ambiance et d'intégrer un peu d'humour dans une soirée.

Le top 5 des jeux qui mettent l'ambiance

Time's up

Le principe, simple mais efficace, est de faire deviner des personnages célèbres avec des mots ou des mimes. L'un des meilleurs jeux d'ambiance pour une soirée réussie. À essayer de toute urgence !

Culot

Un jeu d'action ou vérité parfait pour des soirées à plusieurs.

Mystères et Bonnes Bouteilles

Original et ludique, ce jeu de société vous aidera à révéler l'œnologue qui se cache en vous.

Dobble

La règle est simple et efficace : dans chaque paire de cartes de Dobble, il y a toujours un dessin en commun. Il faut être le plus rapide à le repérer pour gagner la partie.

Petits meurtres et faits divers

Parfait pour les passionnés de faits divers, ce jeu consiste à résoudre des affaires criminelles. Jouez les apprentis inspecteurs pour trouver le coupable !

Règle n° 3 : Mettez-vous à l'aise !

Pyjama, couverture et coussins, osez tout ! Accordez de l'importance à votre confort plutôt que de vous soucier du regard des autres. On ne vous dit pas de vous enrouler dans une couette XXL et de ne plus bouger, mais simplement de vous sentir à l'aise. Une bonne paire de chaussettes et une couverture toute douce vous aideront à vous glisser dans l'ambiance douillette du hygge.

Règle n° 4 : Soyez ouvert d'esprit, authentique et flexible

Soyez vous-même et humble. Il n'y a pas de place pour la compétition et l'arrogance dans un moment hygge. Alors, évitez les remarques du style : « Ah, moi, je n'aurais pas choisi cette recette » ou : « Je ne comprends pas comment tu peux regarder ce genre d'émissions à la télé. » Pour que la magie hygge apparaisse, il faut y mettre du vôtre.

Règle n° 5 : Concentrez-vous sur l'instant

Pensez à éteindre votre téléphone, ou tout du moins à le mettre à l'écart. Oui, c'est difficile, mais c'est important de se concentrer et de vivre le moment présent sans être dérangé. Vos mails de travail ou vos notifications Instagram peuvent bien attendre, alors que le moment, lui, passe. #Slowlife

Règle n° 6 : Chouchoutez-vous tous !

Faites-vous plaisir avec votre repas ou votre gâteau préféré. Choisissez le menu tous ensemble avant le début de la soirée et encouragez chaque invité à apporter un ingrédient pour en faire un dîner participatif ! Hors de question de compter les calories ou de commencer à culpabiliser, ne perdez pas de vue qu'il s'agit d'un moment exceptionnel.

Règle n° 7 : Faites participer tout le monde

Engagez une discussion qui concerne tous les invités et soyez à l'écoute des autres. Il n'est pas question que quelqu'un monopolise l'attention ou la parole. Et, évidemment, on évite les gossips et les critiques sur votre bande de potes ou vos collègues. #GoodVibesOnly

Règle n° 8 : Évitez les mauvaises ondes

Évitez les sujets qui fâchent ou qui risquent de créer un désaccord, comme les questions de politique, d'argent… bref, vous voyez ! Ce genre de sujets provoquent chaque fois des désaccords et des débats sans fin et ça, ce n'est pas hygge. Le risque ? Que l'ambiance devienne électrique.

Règle n° 9 : Resserrez les liens

À l'inverse, remémorez-vous de bons souvenirs ou planifiez votre prochaine soirée ou vos futures vacances ensemble. On est toujours super excités à l'idée d'organiser un moment spécial, un anniversaire, une crémaillère, une soirée déguisée ou des vacances. Il est bon de créer du lien et de la convivialité.

Règle n° 10 : Profitez à fond !

Enfin, appréciez ce que la vie vous offre et soyez-en reconnaissante. C'est bon de se dire qu'on passe une bonne soirée. N'ayez pas de regrets, ne soyez pas dans l'attente de quelque chose de mieux et juste : *enjoy* !

Chiller à plusieurs

Même si les Danois ont un bon équilibre vie pro/vie privée et qu'ils travaillent tout de même moins que les habitants d'autres pays d'Europe, ils subissent aussi du stress. Le hygge permet d'évacuer cette tension tout en créant du lien social. Au lieu de vous affaler seule dans votre canapé pour regarder un film, faites-le à plusieurs pour instaurer des liens tout en vous relaxant.

Je profite de ma famille

La famille est le fondement de votre vie. On ne la choisit pas, c'est vrai. Elle n'est pas toujours parfaite, mais au fond, on rêve toutes d'une famille heureuse et aimante. Le sens que chacun a de la famille est défini par l'éducation et l'enfance, mais il peut évoluer au fil des années. Votre famille change, vous-même évoluez, et c'est une bonne chose de s'adapter. Il est important de renforcer les liens. Pourquoi ? Car une famille solide, aimante et unie offre un rempart contre les coups durs de la vie. Un refuge. L'amour, le respect et l'harmonie dans la famille sont des valeurs précieuses.

Je booste mon sens de la famille

Créez des moments hygge en famille pour rester soudés. Faites l'effort de vous intéresser aux membres de votre famille, leur demander des nouvelles, leur poser des questions sur leur vie, féliciter votre sœur pour son examen, son nouveau job, votre cousine pour sa grossesse ou votre père pour son nouveau projet. N'oubliez pas de fêter l'anniversaire et la fête des membres de votre famille. Ça peut paraître anodin, mais pensez à quel point cela vous fait plaisir de constater que toute votre famille a pensé à vous le jour de votre anniversaire. Organisez des cousinades, des crémaillères, des baby showers en famille. Ces moments précieux créeront autant de souvenirs heureux.

Qui est-ce ?

Pour renforcer la complicité au sein de votre famille, vous pouvez adapter le jeu *Qui est-ce ?* aux membres de votre famille.

1. Au début de la partie, chaque joueur pioche secrètement le prénom d'un des membres de votre famille.
2. Le but du jeu est alors de deviner le personnage choisi par l'adversaire en posant des questions sur son apparence physique, sur sa personnalité ou son histoire.

Ce sera un bon moyen de vous moquer des petits défauts ou manies de votre papi ou de la couleur préférée de votre petite-cousine.

En mode best friend

À l'inverse de la famille, on a la chance de pouvoir choisir ses amis. Mais le principe reste le même : pour recevoir, il faut donner. L'amitié demande des efforts, comme dans un couple. Pour ne pas laisser une relation s'éteindre à petit feu, il faut en prendre soin. Et il s'agit souvent d'être là au bon moment, d'être attentionné et de témoigner son soutien dans les moments difficiles. Envoyez un texto pour souhaiter bonne chance à une copine qui passe son permis ou un entretien. Dites régulièrement à vos amis que vous êtes là pour eux et que vous réalisez la chance que vous avez de les avoir dans votre vie. C'est essentiel d'arriver à identifier les sentiments que l'on porte à ses proches et de les verbaliser. L'amour se démultiplie à mesure qu'on en prend conscience !

Les liens sociaux sont primordiaux pour notre bien-être mental et physique. C'est au contact des autres que nous apprenons et nous épanouissons. Pour développer l'amitié, voici trois petites idées d'exercices.

1. J'invite un ami (que je n'ai peut-être jamais invité encore) à dîner chez moi.
2. J'utilise la méthode des petits mots chaudoudoux du psychologue et écrivain Claude Steiner : j'écris des petits mots doux à mes proches, mes amis, mes collègues sur de jolis Post-it et je leur offre. Soyez créative, ce sera d'autant plus plaisant : calligraphiez, décorez de petits motifs, et collez-les sur le miroir ou les murs de vos proches avec du washi tape.
3. Je parle de moi, je me confie en toute franchise pour renforcer ma connexion avec un ami. Savez-vous qu'il est possible de tomber amoureux en répondant à 36 questions élaborées par Arthur Aron, un chercheur américain en psychologie ? Son questionnaire est conçu pour construire rapidement de l'intimité entre deux personnes et leur permettre de se livrer simplement et en confiance. À tester aussi en amitié !

Ami un jour, ami toujours

La conception des relations amicales des Danois est quelque peu atypique. On dit souvent que les Danois sont froids et difficiles à aborder. Mais quand vous êtes amis, c'est pour la vie. « Au Danemark, il y a vraiment peu de gens que l'on considère comme nos vrais amis et avec qui on est vraiment ouverts. Et se retrouver chez nous a une signification particulière, c'est une invitation à entrer dans notre intimité et c'est aussi un moyen de se sentir plus détendu et plus à l'aise », souligne Ann-Marie Rønlund Jensen. En amitié également, less is more ! Privilégiez les amitiés fortes, avec les personnes avec lesquelles vous vous sentez parfaitement bien.

« Au Danemark, il n'y a pas de spontanéité, tout est calculé. Par exemple, on ne mélange pas la famille, les amis et les collègues. On ne débarque pas à l'improviste chez un Danois », regrette Sylvie Laplaze Rohrdanz, une Française qui vit à Copenhague. S'il est bien de privilégier les amitiés fortes et simples, dans lesquelles vous êtes à l'aise, ne vous privez pas pour autant de rencontres ! La spontanéité est une vertu à cultiver : osez aborder les gens dans la rue, dans les bars, faites de nouvelles rencontres. Lancez-vous !

Je booste ma vie sociale

C'est hygge de se recevoir chez les uns et les autres à tour de rôle pour profiter de l'intimité d'un intérieur familier. Mais n'hésitez pas à sortir de chez vous pour varier les plaisirs, les endroits, les sorties… Avec votre pote foodista, testez un restau qui vient d'ouvrir. Avec vos copines sportives, bookez une séance de Dynamo Cycling (voir p. 24). Vous avez prévu de voir un bon film qui passe à la télé, proposez une soirée chill à votre BFF. Adaptez en fonction des amis que vous avez prévu de voir.

Les soirées télé

« Au Danemark, on aime se retrouver pour regarder la télévision. Il y a une émission de pâtisserie (la version danoise du "Meilleur pâtissier") que l'on regarde religieusement ensemble chaque semaine. En général, la personne chez qui on se retrouve prépare un gâteau et on commente toute l'émission », confie Gitte Mikkelsen. J'ai moi-même établi le même rituel avec ma meilleure amie. On a pris l'habitude de se retrouver chaque semaine pour regarder une émission débile. Fous rires garantis. On choisit notre menu à l'avance, on prépare le dîner ensemble, on se cale dans le canapé avec des plaids et c'est parti ! C'est un bon moyen de se changer les idées et de passer une soirée à rigoler.

Je réussis toutes mes invitations

Pour certains, c'est naturel, pour d'autres, ça demande quelques efforts, mais recevoir ses amis chez soi est un bon moyen de créer du lien et de la convivialité. Les amis et la nourriture comptent parmi les plaisirs les plus simples de la vie. Alors, combiner les deux est idéal pour s'offrir des moments hygge. « À l'ère d'Instagram où tout doit être parfait, organiser une soirée hygge peut demander beaucoup de préparation et peut également générer du stress », souligne très justement Gitte Mikkelsen. Or, le stress est anti-hygge. Alors, comment préparer un moment hygge sans les inconvénients ? Voici nos petites astuces.

Chacun invite à tour de rôle

Pour Anne du blog Anne au Chocolat, cuisiner est une passion et inviter chez soi est un bon moyen de faire plaisir à ses amis. « Je préfère avoir tout préparé avant que les invités arrivent pour vraiment en profiter et passer du temps avec eux. Je prépare tout quand je reçois des invités, puis on s'invite à tour de rôle. » Une façon de recevoir classique qui est généralement assez répandue en France. Mais cela peut aussi être une source de stress : faire plaisir à tout le monde en choisissant le menu, tout préparer avant que les invités ne débarquent, ne pas faire brûler le crumble de courgettes dans le four pendant que vous prenez l'apéro… Limitez les risques et le stress en cuisinant quelque chose que vous aimez et que vous avez déjà fait, quelque chose de simple. N'oubliez pas que le hygge doit être convivial et surtout pas sophistiqué. Pas besoin d'essayer d'impressionner vos invités, le plus important est que vous passiez une bonne soirée.

Simple ne signifie pas basique ! Le meilleur moyen de faire des plats originaux sans prendre trop de risque est d'éviter la cuisson. Les bons plats frais, créatifs, super bons et super faciles ? Le carpaccio de betterave aux suprêmes d'orange, huile d'olive et roquette, par exemple.

Chacun apporte quelque chose

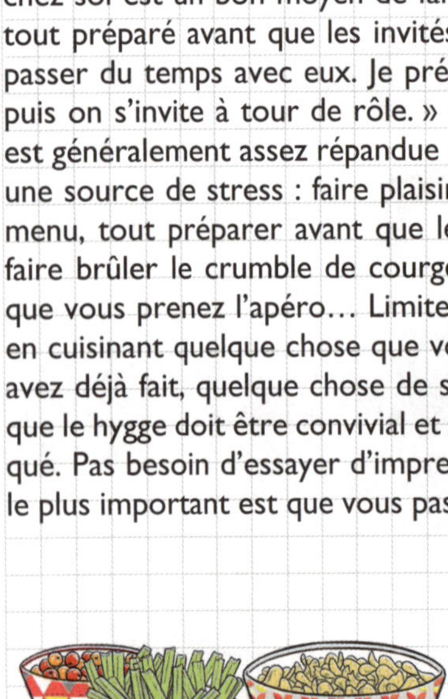

Aux États-Unis, ça s'appelle un « potluck » : on se rassemble autour d'un repas où chaque invité est censé apporter un plat à partager. C'est une bonne alternative pour ceux qui habitent dans un petit appartement ou qui n'ont pas de four dans leur cuisine. Eh oui, tout le monde n'a pas une grande cuisine tout équipée et pourtant, c'est important de pouvoir recevoir ses amis chez soi. Chacun peut apporter un plat qu'il a cuisiné ou acheté : du pain frais, du fromage, de la charcuterie, du bon vin, des petits moelleux au chocolat... Vous pouvez préparer des choses à tartiner, comme du guacamole, du houmous ou des rillettes de thon... pour un apéritif dînatoire à prendre tous ensemble autour d'une table basse pleine de bonnes choses à manger, sans oublier un bon verre de vin. Ce genre d'ambiance est souvent propice aux conversations animées et passionnées.

L'astuce pour que tout le monde soit à l'aise autour de la table basse ? Oubliez les fauteuils, trop hauts, encombrants et peu mobiles, et remplacez-les par de gros coussins disposés tout autour de la table. Bien serrés ensemble, à la bonne hauteur et bien placés pour atteindre tous les plats sur la table, vos invités seront parfaitement installés.

Recette du bo bun

Ingrédients (pour 6 personnes)

Pour la viande :
- 150 g de pavé de bœuf
- 2 échalotes
- 3 pincées de sel fin
- 2 cl d'huile d'arachide

Pour la garniture :
- 6 sucrines
- 1 concombre
- 200 g de pousses de soja
- 1 botte de coriandre fraîche
- 1 botte de menthe fraîche
- 1 piment rouge
- 1 gousse d'ail
- 25 g de cacahuètes
- 400 g de vermicelles de riz

Pour la sauce :
- 10 g de gros sel
- 20 g de sucre en poudre
- 3 tours de moulin à poivre
- 3 cl de sauce huître
- 3 cl de sauce soja
- 3 cl de sauce nuoc-mâm
- le jus d'1 citron vert

1. Faites tremper les vermicelles de riz dans un bol d'eau tiède, puis égouttez-les. Dans une grande casserole, faites bouillir 30 cl d'eau et ajoutez le gros sel. Mettez à cuire les vermicelles dans l'eau bouillante pendant quelques minutes (respectez la durée indiquée sur le paquet), puis égouttez-les à l'aide d'une passoire.
2. Lavez les feuilles de salade, puis émincez-les. Épluchez le concombre, coupez-le en deux, épépinez-le, puis taillez-le en fine julienne. Lavez les germes de soja. Lavez et ciselez les herbes. Pilez les cacahuètes et taillez le piment en julienne très fine.
3. Épluchez l'ail et hachez-le finement, puis ajoutez le sucre et le poivre. Versez ensuite le jus de citron, la sauce nuoc-mâm, la sauce soja et la sauce huître et mélangez bien.
4. Détaillez les pavés de bœuf en fines tranches, puis mettez-les à mariner dans la sauce. Épluchez et ciselez les échalotes.
5. Dans une poêle, faites chauffer l'huile. Lorsqu'elle est chaude, ajoutez les échalotes et faites-les revenir avec 1 pincée de sel fin. Saisissez ensuite rapidement le bœuf des deux côtés, puis réservez. Déglacez la poêle avec la marinade.
6. Garnissez des assiettes creuses de salade, de vermicelles, de concombre, de soja et de lamelles de bœuf. Versez la sauce dessus, puis parsemez le tout de cacahuètes pilées, de piment, de feuilles de menthe et de coriandre ciselées.

Tout le monde cuisine

C'est une bonne façon de recevoir en transformant votre appartement en atelier de cuisine animé et convivial. Vous avez tous envie d'un bo bun, mais vous n'avez pas envie d'aller au restaurant et sentir la friture ? Lancez-vous et cuisinez ensemble un bo bun maison (voir p. 53) ! Quelqu'un apporte les carottes, la menthe et la coriandre, un autre les vermicelles de riz et les cacahuètes, puis une autre personne prend de la salade fraîche et des nems, la dernière s'occupe du bœuf… Vous pouvez choisir une recette spécifique pour chaque dîner et prévoir deux heures pour concocter le repas tous ensemble. Ainsi, tout le monde participera et chacun sera satisfait si c'est réussi, ou rira si c'est un désastre. Dans tous les cas, vous aurez passé une bonne soirée hyggelig.

Livraison à domicile

C'est aussi un moyen de partager un repas chez soi sans prise de tête. Et rien ne vous empêche de préparer une jolie table, avec une nappe en lin, des bougies et des fleurs !

Allô, j'ai faim !
Deliveroo, UberEATS, Foodora, Frichti, de plus en plus de sociétés de livraison de repas volent à votre secours quand votre réfrigérateur est vide ou que des amis débarquent à l'improviste. Ne vous contentez plus du livreur de pizza, de plus en plus de restaurants se lancent. Comme le dit le slogan d'Allo Resto : « La cuisine d'un restaurant, le confort de la maison ». Génial, non ?

Le hygge au restaurant

Il est souvent plus simple de sortir que de recevoir cinq ou six amis à la maison. On s'évite les corvées de courses, de vaisselle, de rangement et de nettoyage… S'il est tout de même plus chaleureux d'inviter chez soi, trouver un restaurant ou un bar où l'ambiance est hyggelig est possible. Le hygge est d'ailleurs déjà présent dans la culture française. « L'apéro, par exemple, est un moment joyeux partagé avec des amis, aux terrasses de cafés quand le temps le permet ou à l'intérieur quand il fait trop froid dehors », ajoute Anna Terp, une Danoise qui a vécu à Paris. Autre tendance, sortir le week-end pour partager un brunch entre amis, en famille ou en couple chez PaperBoy, Holybelly ou encore Season à Paris, par exemple.

Je prends le temps de manger

Décider de ce que l'on a envie de manger et de cuisiner est très important, mais ne négligeons pas la façon de manger. En effet, rien de plus frustrant que d'avaler un repas, à la hâte, debout ou plié en deux sur le canapé pour ne pas faire tomber du tarama sur le tapis. Manger est un plaisir et nous devons prendre le temps de savourer chaque bouchée. Pensez à mastiquer convenablement, pour apprécier toutes les saveurs et pour bien digérer. Il est important de préparer une jolie table, de créer une atmosphère agréable et de pouvoir manger en étant à l'aise. Prenez le temps de discuter avec vos invités, d'être à l'écoute. Petite astuce pour ne pas manger trop vite : essayez de reposer vos couverts entre chaque bouchée. Vous allez voir, c'est efficace mais pas si facile à faire. Profitez-en pour vivre l'instant présent.

Chapitre 6

Je crée un intérieur hygge

À ce stade de votre *Cahier Hygge*, vous avez déjà en tête les grandes notions de cette philosophie de vie. Mais voici un chapitre clé pour la réussite de votre mise en pratique, à savoir créer et apprécier un chez-soi hygge. « Au même titre que la nourriture et la mode en France, le design et la décoration font partie de l'ADN du Danemark. Pour les Danois, il est important d'avoir un chez-soi agréable à vivre car ils y passent tout leur temps », explique Camilla Schousboe, la fondatrice de Nordkraft, un concept store dédié au design danois, rue Lucien-Sampaix à Paris. La maison doit être un refuge, un cocon où l'on se sent bien et en sécurité.

Les grands principes d'un intérieur hygge

Pour être hygge, un intérieur doit répondre à plusieurs « critères ».

La priorité au confort

C'est souvent tentant de favoriser la beauté d'un intérieur à sa praticité, et pourtant, le plus important, c'est le confort. Choisir des matières naturelles, moelleuses et douces, accessoiriser son lit et son canapé de dizaines de coussins, investir dans des meubles de qualité… tout ça, c'est hygge.

La subtilité du minimalisme

La force du design et de la décoration scandinave, c'est le minimalisme, la simplicité. Pas besoin d'en faire trop pour créer un espace chaleureux. N'oubliez pas que votre intérieur doit vous ressembler, donc on zappe les inspirations trop lisses des tableaux Pinterest et on laisse parler sa créativité.

Lumière et chaleur

Autre point essentiel : la sensation de chaleur et de convivialité créée par une décoration épurée mais colorée. Évidemment, n'oubliez pas les bougies et les lumières chaudes qui procurent instantanément un sentiment de bien-être grâce à la lueur jaune orangée de la flamme et l'odeur de la bougie parfumée.

Je suis attentive à mes cinq sens

Solliciter vos sensations à travers votre déco permet de favoriser ces petits plaisirs, le bien-être et le confort du hygge.

La vue

C'est peut-être le sens le plus développé et il est essentiel, pour se sentir bien chez soi au premier coup d'œil grâce à la décoration. Développer et affirmer sa personnalité à travers l'aménagement et la décoration de son appartement ou de sa maison est source de bien-être et de satisfaction. De même qu'admirer et être fière de son intérieur, des formes, des couleurs, des tableaux et photos accrochés aux murs, des miroirs… Se sentir bien chez soi est valorisant, et ça donne envie de recevoir, et donc d'ouvrir son intimité à ses proches… autant de bienfaits qui favorisent la culture du hygge.

Le toucher

On y pense moins, mais le toucher est un sens à ne pas négliger, au même titre que le choix des matières de son intérieur. Soyez attentive à la sensation de douceur et de chaleur des objets qui décorent votre lieu de vie. Les matières avec du relief sont chaudes, les matières lisses plutôt froides. Appréciez la douceur de draps en lin qui se froissent à votre contact, la chaleur d'une couverture en laine, le bois brut d'un plan de travail de cuisine ou les poils d'une peau de mouton ou d'un tapis tout doux sous vos pieds… Ces sensations de confort et de douceur nous réconfortent et nous apaisent.

Le goût et l'odorat

Qu'est-ce qui est le meilleur, entre l'odeur d'un gâteau et son goût ? L'odeur est très importante pour créer une atmosphère, car c'est un chemin direct vers la mémoire.

L'odeur du pain maison
Au Danemark, la fabrication du pain maison est une tradition, presque une étape obligée du week-end. Tout le monde pétrit ensemble pour avoir du bon pain frais au cours de la semaine à venir. L'odeur du pain chaud qui se répand dans la maison crée une ambiance familiale et festive. Mmmmm !

Les odeurs de cuisine évoquent les bons moments de convivialité autour d'une table, les parfums d'ambiance à base de plantes et de fleurs, les bons moments de détente.
L'odorat est aussi sollicité par le parfum des bougies qui brûlent, le bois du feu de cheminée, les huiles essentielles qui se diffusent dans la maison ou se diluent dans le bain… Attention, l'odeur de tabac froid est anti-hygge. Il est donc conseillé de fumer à l'extérieur ou de bien aérer la pièce après une soirée fumeur.

Ma brume d'ambiance anti-tabac

Vos invités se sont permis de fumer chez vous ? Voici la recette d'un cocktail d'huiles essentielles anti-odeur de tabac pour assainir l'air et éliminer les mauvaises odeurs le lendemain.

Mélangez dans un flacon vide :

- 30 gouttes d'huile essentielle de lemongrass
- 30 gouttes d'huile essentielle de patchouli
- 10 gouttes d'huile essentielle de menthe
- 30 gouttes d'huile essentielle d'eucalyptus

Secouez le flacon et diluez quelques gouttes du mélange dans l'eau de votre diffuseur ou mettez-les directement sur une pierre à diffuser.

L'ouïe

Il est parfois utile d'arriver à apprivoiser les bruits du quotidien, notamment grâce à un petit exercice de méditation (voir p. 26). Ils peuvent être des outils pour vous détendre. Il y a aussi des bruits qui provoquent instantanément un sentiment de bien-être et de confort : le crépitement d'un feu de bois, le ronronnement d'un chat, l'eau du bain qui se remplit, une playlist douce et apaisante…

La liste des bruits du bonheur

Un petit exercice pratique peut vous aider à identifier et apprivoiser les sons qui vous font du bien.

1. Dès qu'un son, une chanson, un crépitement, une mélodie vous interpelle et vous apaise, notez-le dans votre petit carnet hygge.
2. Essayez d'être attentive à ces bruits, même ceux du quotidien, et tentez d'en rassembler une dizaine.
3. Chaque jour ou chaque semaine, relisez votre liste de bruits du bonheur et forcez-vous à les écouter. Vous créerez ainsi un pur moment de bien-être et de douceur.

Exemples : le son d'un vinyle qui crépite, le bruit des gouttes de pluie qui claquent sur la fenêtre, même la musique du générique de votre série préférée.

Home sweet home

Réussir une déco hygge est plus facile que monter un meuble Ikea. Décoration, aménagement d'intérieur, choix des meubles et rangement, voici tous nos conseils pour que votre lieu de vie soit chaleureux, apaisant et réconfortant !

Un intérieur qui me ressemble

On s'accorde tous à dire que la maison est l'espace le plus important de notre vie, ou du moins celui où l'on passe le plus de temps, surtout quand on est fan de hygge ! Il est donc essentiel de s'y sentir bien. Couleur, lumière, décoration, vous saurez tout pour créer une ambiance cosy chez vous.

Et au Danemark ?
« Les Danois aiment rester chez eux car leurs intérieurs reflètent leur personnalité. Le choix de leur lampe ou de leur chaise est une façon de revendiquer la fierté du design danois. Même avec des produits Ikea ou Hay qui ne sont pas chers, on sent bien leur intention de personnaliser », indique Gitte Mikkelsen.

Des matières douces et naturelles

Le hygge privilégie des matières naturelles (bois, cuir, céramique, lin, coton…), des essences de bois claires, qu'il associe à du blanc ou à des couleurs sobres dans un style minimaliste. Les canapés, les fauteuils, les bancs ou les chaises sont recouverts de peaux de mouton ou de plaids. Il y a aussi toujours une couverture en laine sur le canapé. Ce dernier est un élément central des moments hygge, il doit être confortable et suffisamment grand afin d'accueillir plusieurs invités.

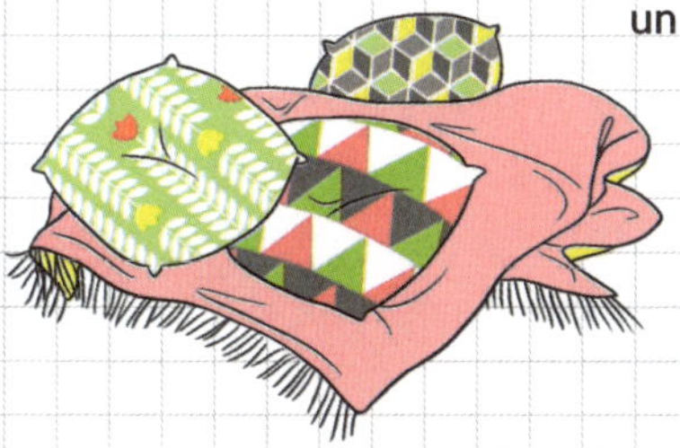

Des couleurs sobres

C'est le mélange des couleurs, des matières et des textures qui crée un environnement chaleureux. Les couleurs des murs peuvent vraiment apporter une touche originale et délicate à votre décoration. Il vaut mieux privilégier des tons doux, comme le beige, le vert foncé ou le bleu nuit, pour réchauffer un intérieur tout en conservant la sobriété scandinave. Par exemple, peindre le mur contre lequel votre lit est adossé d'une autre couleur que le reste de votre chambre. Ça donnera tout de suite du caractère à votre pièce avec un effet « tête de lit ». Règle d'or : on ne cumule pas plus de trois couleurs différentes dans un intérieur.

Du charme

Un appartement ancien, avec du parquet, de grandes fenêtres et une cheminée (même si elle n'est pas fonctionnelle) sera plus facilement chaleureux. Mais même un appartement neuf peut être réconfortant s'il possède les bons éléments de décoration : des miroirs, des couleurs, des coussins, des bougies ou une grande bibliothèque, par exemple.

La salle à manger

Selon la taille de la maison, il y a souvent une grande table pour faire de grands dîners. Si vous avez la place et le budget, l'idéal est d'investir dans une table pouvant accueillir six ou huit invités. C'est une approche totalement différente de pouvoir investir un vrai espace pour manger : décoration, vaisselle, fleurs, serviettes de table… tous ces éléments rendent une tablée beaucoup plus conviviale. Cela donne à chaque repas, même à celui pris en solo ou en duo, un caractère agréable et unique.

La cuisine

« La cuisine est généralement ouverte sur la salle à manger pour favoriser les échanges pendant la préparation du repas. Ici, au Danemark, mais je crois que c'est universel, on dit que les meilleures soirées ont lieu dans la cuisine », avoue Gitte Mikkelsen. Ne négligez donc pas l'importance et la place de la cuisine chez vous. C'est la pièce centrale du hygge !

Du mobilier harmonieux

Il est assez facile de tomber sous le charme du design d'intérieur scandinave et de son élégance sans pareil. L'art de vivre hygge et le minimalisme scandinave sont un subtil mélange de tradition et de modernité avec différents styles, coloris, motifs et textures combinés. Piochez dans les luminaires doux + les sièges et les poufs élégants + les étagères décoratives et les petites tables raffinées pour obtenir un décor idéal. N'oubliez pas non plus les textiles souples, les équipements de cuisine, les vases en céramique et les bougeoirs.

Les 15 incontournables d'une déco hygge

- Un canapé style nordique
- Une cheminée ou un poêle
- Une couverture en laine
- Une peau de mouton
- Des bougies parfumées
- Des coussins moelleux
- Des rideaux en lin
- Des tapis épais
- Des plantes vertes
- Des fleurs fraîches
- Des miroirs en rotin
- Des boîtes en bois
- Des feuilles d'eucalyptus séchées
- Des paniers tressés
- Un cactus géant

Je fais entrer de la chaleur dans mon appartement

L'atmosphère hyggelig est créée grâce à une luminosité douce. La lumière représente un important enjeu dans l'aménagement d'un intérieur convivial. Tout simplement car c'est la lumière qui définit l'ambiance que l'on veut instaurer. Moins il y a de lumière, plus c'est cosy !

Je multiplie les sources de lumière

Il est donc préférable de choisir des lampes à l'éclairage doux et modulable et de multiplier les sources de lumière. Plus la lumière est faible, plus elle est hygge. Choisissez des ampoules à lumière jaune plutôt que blanche et préférez-les à filaments, de faible puissance. L'idéal serait qu'elles recréent l'intensité d'une flamme de bougie ou d'un feu de bois. Pour cela, privilégiez les ampoules mentionnant une température de lumière inférieure à 3 300 kelvin, pour une lumière jaune orangée. En maîtrisant l'intensité lumineuse de votre maison, vous pourrez créer une atmosphère intime et chaleureuse au gré de vos envies.

Design made in Danemark
Véritable obsession, la lumière est devenue une forme d'art grâce aux célèbres designers danois comme Poul Henningsen, Verner Panton et Arne Jacobsen. « La lampe PH a été spécialement conçue pour diffuser la lumière de la manière la plus naturelle possible et créer ainsi une atmosphère propice au hygge. Cette lampe a été designée par Poul Henningsen et je dirais qu'elle est présente dans 75 % des maisons danoises à Copenhague », explique Gitte Mikkelsen.

DIY bougie

Quoi de plus valorisant et ludique que de confectionner soi-même sa bougie parfumée ? On vous rassure, c'est tout simple !

Matériel

180 g de cire • 20 g d'huiles essentielles de votre choix • 1 mèche de coton cirée avec socle en métal • 1 tube de colle extra-forte

Fabrication

1. Faites fondre la cire dans une casserole à feu moyen jusqu'à obtenir un liquide complètement transparent. Retirez du feu, versez les huiles parfumées dans la cire et mélangez.
2. Déposez un point de colle sous la base du socle en métal de la mèche, puis collez-la au centre, dans le fond du verre à bougie (elle doit être suffisamment longue pour dépasser du bord du verre). Pour la maintenir droite, scotchez l'extrémité sur un long cure-dent placé en travers du verre.
3. Versez doucement la cire en prenant soin de ne pas vous brûler.
4. Laissez la bougie se solidifier à température ambiante. Il faut la bouger le moins possible pour éviter de créer des traces sur les rebords.
5. Une fois que la cire est totalement durcie, au bout de quelques heures, vous pouvez enfin en profiter !

Je crée de l'apaisement

« Les Danois sont organisés et ordonnés par nature. La maison est tout le temps rangée car on reçoit très souvent des amis », explique Camilla Schousboe. On dit souvent qu'on a les idées plus claires dans un environnement rangé. Et c'est vrai que mettre de l'ordre crée de l'apaisement, on se sent mieux dans un environnement clair et propre. On peut s'inspirer de la méthode de rangement de la Japonaise Marie Kondo, experte en la matière. Justement, les Danois ne sont pas en reste. Le hygge est un art de la simplicité et du minimalisme, aussi veillez à désencombrer votre intérieur pour obtenir un espace aéré et agréable. Cependant, Caroline Birk Bahrenscheer tempère : « Il faut quand même sentir qu'il y a de la vie, laisser traîner quelques papiers ou chaussures n'est pas un problème, au contraire. » Pour créer une atmosphère hygge, il faut tout simplement que votre intérieur soit rangé, mais il doit surtout vous ressembler. »

La méthode de rangement KonMari
La méthode de Marie Kondo encourage chaque personne qui veut « faire du vide » à se poser la question suivante : est-ce que cet objet me procure de la joie ? Si la réponse est oui et que vous êtes profondément attachée à cet objet, vous le gardez, sinon vous vous en débarrassez. Elle enseigne aussi une méthode de rangement qui consiste à plier les vêtements d'une certaine façon, en les roulant, et donc en optimisant l'espace. Tout un art ! À vous de faire le test :)

Je végétalise mon intérieur

Particulièrement adulées dans les pays scandinaves, les plantes vertes sont devenues des compagnes bien-être incontournables dans nos vies et nos appartements. Les plantes sont considérées comme de véritables accessoires de décoration. Cactus, plantes vertes, succulentes et fleurs fraîches sont de précieux atouts pour activer l'énergie feel good en nous donnant un élément de nature à admirer et à s'occuper au quotidien. Utilisez-les sans modération. Pour bénéficier de leurs vertus, dédiez-leur une place de choix, près des fenêtres, sur un petit tabouret, ou même en suspension à une tringle à rideaux ou sur une étagère.

DIY terrarium

Afin de concilier votre amour pour la décoration et les plantes, pourquoi ne pas vous lancer dans un petit atelier terrarium ?

Réalisation

Dans un grand bocal avec un couvercle, commencez par parsemer le fond d'une épaisse couche de gravier. Ajoutez ensuite la terre, plantez votre plante (un ficus ou une plante adaptée à cette culture en milieu clos et humide, demandez conseil en jardinerie), et tassez bien. Arrosez très légèrement d'eau. Disposez de la mousse tout autour de votre plante, nettoyez l'intérieur du bocal, puis refermez-le avec le couvercle.

Consommer moins pour vivre mieux

Dans une société qui nous pousse à la surconsommation, on peut se rassurer en se répétant que le bonheur ne s'achète pas. En effet, le hygge est une philosophie de vie simple, lente et gratuite. « Le style scandinave ainsi que le hygge ne s'achètent pas, c'est un mode de vie », insiste Camilla Schousboe. Il est bon de s'assurer que ce que vous possédez déjà a une utilité ou vous procure de la joie. Si ce n'est pas le cas, débarrassez-vous de ce dont vous n'avez plus besoin, faites le vide, séparez-vous d'objets ou de vêtements qui encombrent vos placards. Vous êtes-vous déjà demandé si votre vie serait moins intéressante si vous possédiez moins de choses ? La réponse est sûrement « non ». Alors, consommez intelligemment, privilégiez les circuits responsables et labellisés et optez autant que faire se peut pour des produits naturels et écologiques. Et avant d'acheter quelque chose, demandez-vous s'il va vous apporter quelque chose en plus.

L'upcycling, vous connaissez ?

Chiner, retaper des meubles ou même customiser des vêtements d'occasion est un bon moyen de consommer intelligemment et d'être créative. Votre intérieur sera d'autant plus atypique et personnel. Donner une seconde vie aux choses, en soi, n'a rien de nouveau. Mais l'upcycling, c'est rendre encore plus beau un produit d'origine, restauré ou non. Cette tendance touche aujourd'hui la mode, le design, la déco ou encore l'art.

En Suède, un concept proche du hygge, le lagom, décrit justement cet art de vivre du minimalisme éthique.

Chapitre 7

Vis ma vie hygge

Vous n'avez rien à faire ce week-end ? Envie d'une petite journée hyggelig pour vous faire du bien ? C'est parti pour le programme 100 % hygge afin de passer une journée absolument parfaite !

Mes moments hygge saison par saison

Le hygge, c'est toute une philosophie et un art de vivre. Chaque saison apporte des particularités à la pratique du hygge et donne l'occasion de vivre des moments hygge variés et toujours aussi bienfaisants. Quelle que soit la saison, que le soleil brille ou qu'il pleuve, que vous soyez seule ou à plusieurs, saisissez les moments hygge !

Le hygge en hiver

La neige qui tombe avec un bruit velouté, le feu qui brûle dans la cheminée, les lumières et les couleurs dans le sapin… Forcément, nous commençons par l'hiver, le climax du hygge. Profitez du froid extérieur pour vous réfugier chez vous ! Je vous ai concocté un programme d'une journée à la cool.

Une journée hygge en hiver

Au réveil

- Au saut du lit, commencez la journée dans la réjouissance en allumant votre bougie de l'Avent ou en découvrant la surprise du jour de votre calendrier de l'Avent.

> La bougie de l'Avent affiche un compte à rebours de 24 numéros. Il suffit de l'allumer pour que la cire fonde et efface le numéro jusqu'au jour de Noël. À shopper chez Stelton, Normann Copenhagen ou Monoprix.

- Prenez le temps de vous préparer un bon petit déjeuner. Par exemple, versez une poignée de granola ou de müesli dans un bol en ajoutant du yaourt, du smoothie, du lait d'amande ou simplement des fruits frais. Ce mélange d'avoine, d'amandes et de miel se marie bien avec des cranberries ou des graines de courge. Il donne la force nécessaire pour tenir le coup quand les matinées sont longues. Ce rituel matinal peut paraître long, mais c'est un moment privilégié pour se projeter dans la journée qui s'annonce.

Dans la matinée

- Durant la matinée, lancez-vous un nouveau challenge créatif et tricotez au coin du feu, si possible, c'est encore mieux ! Vous pouvez commander un kit à tricoter sur Wool and the Gang ou tout simplement suivre leurs tutoriels vidéo qui sont dédiés aux points de base : le montage des mailles, la maille endroit, la maille envers, le jersey… D'autres permettent d'aller un peu plus loin : les boutonnières, le point bulle, le point de riz, l'assemblage… Vive le tricot pour tous !

À midi

- Pourquoi ne pas préparer une bonne soupe gourmande au potimarron et à la châtaigne ? Épluchez et coupez en cubes un potimarron entier. Faites-le cuire dans de l'eau bouillante salée jusqu'à ce que la chair soit tendre, ajoutez les marrons (en bocal ou conserve) et mixez le tout avec une pointe de crème fraîche. Salez et dégustez bien chaud.

L'après-midi

- Cette après-midi, emmitouflez-vous dans une tenue confortable pour regarder votre film ou votre série préféré(e).
- Puis, mettez le nez dehors et profitez du soleil d'hiver pour une marche.
- En rentrant, préparez-vous un gløgg (voir p. 66) pour vous réchauffer !
- En fin de journée, faites-vous couler un bain chaud. Détachez vos cheveux et secouez la tête pour aérer votre chevelure. Plongez-vous dans l'eau du bain, adossez-vous à la baignoire et détendez-vous. Versez de l'huile d'argan dans le creux de vos mains. Passez vos mains dans les cheveux, du haut du front vers l'arrière des oreilles et jusqu'à la base du crâne, répétez le geste plusieurs fois. Puis, massez la peau du cuir chevelu sur le crâne avec de doux mouvements circulaires, sans tirer. Répétez le massage sur la totalité de votre tête pour optimiser ses bienfaits.

Le soir

- Préparez des biscuits de Noël danois ou des *ebelskiver* pour le dessert, et invitez votre famille ou vos amis à les déguster. Proposez-leur d'apporter l'entrée et le plat de résistance pour un repas convivial et sans stress.

Vous avez déjà fait votre sapin ? Accrochez-y des bougies ! Les Danois utilisent même de vraies bougies pour le décorer et ont toujours une bassine d'eau à proximité pour éteindre les flammes en cas d'incendie. Je ne vous conseille pas de les allumer, mais simplement de décorer votre sapin avec.

Le gløgg

Pour vraiment comprendre le concept de hygge, préparez et dégustez une bonne tasse de « gløgg », une spécialité de Noël à base de vin rouge avec des épices, des amandes, de l'eau-de-vie et des raisins secs.

Pour 3 tasses

Mettez à macérer 2 c. à s. de raisins secs dans 10 cl de rhum. Pelez et coupez 20 g de gingembre frais en lamelles. Prélevez le zeste de 1 orange bio. Dans une casserole, faites chauffer, sans arriver à l'ébullition, 1 bouteille de vin rouge avec le zeste d'orange, le gingembre, 2 bâtons de cannelle, 2 anis étoilés, 5 clous de girofle, les graines de 10 gousses de cardamome et 180 g de sucre de canne. Laissez infuser environ 1 h à feu doux. Filtrez, puis ajoutez les raisins macérés et 3 c. à s. d'amandes pelées. Vous pouvez ajouter également les rondelles de l'orange.

Biscuits de Noël danois

Pour environ 15 biscuits

Mélangez 500 g de farine, 190 g de sucre, 375 g de beurre mou, 1 œuf et 1 c. à c. de sucre vanillé dans un bol. Pétrissez la pâte jusqu'à l'obtention d'une texture homogène.

Lorsque la pâte est parfaitement pétrie, réservez-en un tiers dans un autre bol et ajoutez-lui 20 g de cacao et ½ c. à c. de cannelle en poudre. Mélangez les ingrédients jusqu'à obtenir une pâte foncée.

À l'aide d'un rouleau à pâtisserie, étalez les deux pâtes. Utilisez des emporte-pièces pour réaliser des biscuits de Noël de différentes formes avec la pâte claire et avec la pâte foncée.

Préchauffez le four à 220 °C (th. 7) et enfournez les biscuits sur une plaque à mi-hauteur pour environ 6 min.

Les ebelskiver

Les *ebelskiver* sont les incontournables de Noël. Ce sont de délicieux beignets chauds et croustillants à l'extérieur et moelleux à l'intérieur. Avec une touche de cardamome, les *ebelskiver* sont la quintessence de l'esprit de Noël danois. Ils se dégustent avec une tasse de vin chaud en famille ou entre amis.

Pour 15 biscuits

Battez 2 blancs d'œufs en neige dans un bol. Dans un autre bol, mélangez 125 g de farine avec 70 g de beurre fondu, 60 cl de lait, ½ c. à c. de levure chimique, 60 g de sucre, ½ c. à c. de cardamome moulue et 1 pincée de sel. Incorporez délicatement les blancs d'œufs au mélange. Faites chauffer une poêle à alvéoles avec un peu de beurre dans chaque trou. Remplissez les trous de pâte aux trois quarts, faites cuire et retournez les beignets lorsque les bords commencent à bien se durcir.

Fêtez Noël au Danemark !

Vous prévoyez de partir vivre la magie du hygge à sa source ? Vous allez adorer. La haute saison du hygge, c'est Noël. Les hivers au Danemark sont généralement longs et sombres, et les Danois les combattent donc avec leurs meilleures armes : du hygge et des milliers de bougies allumées partout. Pour vivre la féerie de Noël et découvrir la conception danoise des lumières et autres petits symboles du hygge, il faut se rendre à Copenhague. Allez sur les traditionnels marchés de Noël, comme celui de Tivoli, vous promener le long des rues de la ville ou assister à la parade de Noël avec l'illumination du sapin sur la place principale.

L'histoire qui fait rêver…

À Noël, rien n'est plus cher aux yeux des Danois que de partager des souvenirs joyeux autour de l'incontournable arbre de Noël, qu'ils choisissent et coupent eux-mêmes ! Des fermes à sapins situées en périphérie de Copenhague proposent de venir chercher son sapin. Puis, vous dégustez une tasse de vin chaud après l'expédition. Un merveilleux souvenir, et surtout une grande fierté chaque fois que vous contemplerez votre sapin.

Le hygge au printemps

Après avoir passé la plus grande partie de l'hiver à l'intérieur, il est temps de sortir et de profiter de l'air qui s'est radouci. Voici un petit programme d'une journée placée sous le signe de la nature et des cinq sens.

Au réveil

- Ouvrez la fenêtre de votre chambre, prenez une grande inspiration et profitez du soleil, des bruits des oiseaux et du vent dans les feuilles des arbres. Prenez un moment pour apprécier cette nouvelle journée qui commence.
- Pour le petit déjeuner, préparez-vous un bol de porridge. Recette vieille comme le monde, la célèbre bouillie d'avoine permet de bien entamer la journée, en version sucrée ou salée. Le porridge est composé de céréales, légumineuses et graines bio et s'accompagne de fruits de saison. Réconfortant, sain et savoureux, testez-le !

Dans la matinée

- Partez à la cueillette de fruits et de légumes, dans votre potager, dans un jardin partagé ou directement à la ferme (certains agriculteurs permettent de cueillir soi-même ses légumes). C'est un bon moyen de prendre l'air, et ça donne envie de cuisiner plein de bonnes choses.
- En rentrant, utilisez vos produits pour préparer de bonnes recettes pour le déjeuner : une salade fraîche, un jus pressé maison et une belle tarte aux fruits.

L'après-midi

- Cette après-midi, vous pouvez vous lancer dans une nouvelle activité hygge, comme faire ses bougies soi-même (voir le DIY bougie, p. 61). Apprendre une nouvelle activité manuelle est gratifiant. Et chaque fois que vous allumerez votre création, vous vivrez un petit moment hygge ! Essayez !

Le soir

- Allez marcher, organisez un pique-nique entre amis dans un parc où chacun apporte quelque chose à manger ou à boire. Profitez-en pour sentir le parfum des lilas en fleurs, faire des balades à vélo…

Le hygge en été

En été, on apprécie le soleil qui réchauffe l'atmosphère, toutes les nouvelles possibilités qui s'offrent à nous. C'est le moment de l'année où l'on recharge l'organisme en énergie, profitant de la lumière chaude et de l'ambiance décontractée propice au hygge. Au programme : barbecues, balades à vélo, recettes fraîcheur et apéros en terrasse.

Au réveil

- L'été, c'est la saison des vacances, le moment propice à la détente et à la chaleur. Le matin, vous pouvez aller faire un tour au marché, acheter de bons produits pour cuisiner et terminer en terrasse à refaire le monde autour d'un verre, c'est très hygge français !

À midi

- Le midi, on se rafraîchit avec un taboulé maison revisité.

Le taboulé

Pour 4 personnes

Faites cuire 200 g de semoule et laissez refroidir. Pelez et coupez ½ concombre en petits dés, épépinez 1 grenade. Lavez et ciselez 1 bouquet de coriandre et de menthe.

Versez de l'huile d'olive et le jus de 1 citron dans la semoule et remuez avec une fourchette. Ajoutez le concombre, les graines de grenade et 1 paquet de feta émiettée, puis la menthe et la coriandre. Salez et poivrez, puis servez très frais.

L'après-midi

- Si vous êtes en vacances, évidemment profitez-en pour faire une sieste à l'ombre d'un arbre ou vous plonger dans un roman passionnant. Faites une pause pour jouer au Mölkky, au ping-pong ou à la pétanque entre amis. Sinon, essayez d'aller au travail en vélo si c'est possible ou de prendre l'air en sortant du bureau. Profitez du soleil et de l'air chaud !

Le soir

- Après le pique-nique, c'est au tour du barbecue de nous rassembler entre amis. Même principe, chacun apporte quelque chose pour faire un dîner participatif. Essayez de prévoir une jolie nappe en lin, des couverts en bois plutôt qu'en plastique, et préparez de grandes bouteilles d'eau infusée au citron et à la menthe. On proscrit la nourriture industrielle et les alcools forts qui pourraient gâcher la soirée. Le barbecue peut avoir lieu à la plage ou près d'un lac, autour d'un feu de camp. Et, bien entendu, vous pourrez observer et apprécier le coucher de soleil et aller vous baigner quand la nuit tombe. Lorsqu'il fait nuit, levez les yeux au ciel et observez les étoiles. Il n'y a rien de plus hygge.

Le hygge en automne

Quand vous avez bien profité de la lumière et du soleil de l'été, l'automne pointe le bout de son nez et le froid aussi. C'est la transition la plus difficile, car tout le monde sait que l'hiver arrive à grands pas et que le soleil se fait de plus en plus timide. Et pourtant, l'automne est une magnifique saison pour un programme hygge : balades dans les bois, cueillettes, homemade spa…

Au réveil

- On fait un peu de tri et de rangement dans son appartement, on aère et on diffuse des huiles essentielles pour purifier son intérieur.

Dans la matinée

- S'il pleut, c'est encore mieux pour vous initier au hygge à la maison ! Règle numéro un : prenez soin de vous ! Consacrez du temps à des plaisirs simples : un bon bain chaud et moussant, une manucure, un masque capillaire, un gommage maison… (voir le chapitre 2).

À midi

- Faites simple et optez pour des tartines avec des figues et des mûres.

Tartines de fromage et fruits

Pour 2 personnes

Étalez 1 c. à s. de fromage frais (St Môret, Philadelphia, Petit Billy) sur 4 tranches de pain de seigle ou aux graines, ajoutez 2 figues coupées en deux et 1 poignée de mûres. Parsemez de noix, arrosez d'un filet d'huile d'olive et d'une pointe de miel, de sirop d'érable ou d'agave. Assaisonnez avec 1 pincée de fleur de sel.

L'après-midi

- C'est le moment idéal pour partir à la cueillette aux champignons et aux châtaignes dans les bois. Vous pouvez aussi faire un atelier confitures ou compotes maison entre amis. Mettez à bouillir les fruits de votre choix dans une grande casserole. Ajoutez du sucre vanillé et une pointe de cannelle. Mixez et dégustez tiède.

Le soir

- On commence à faire plus de choses chez soi et à inviter des amis pour discuter autour d'un chili maison. Demandez-leur de venir plus tôt pour préparer cette recette conviviale ensemble !

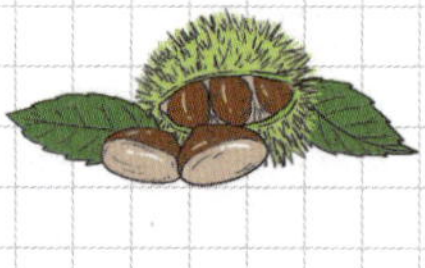

10 activités hygge à faire à plusieurs

1. Jouer à des jeux de société
2. Regarder un film, une série ou une émission de télévision
3. Cuisiner et manger
4. Préparer un gâteau pour emporter au bureau
5. Aller se promener en forêt et cueillir des champignons
6. Observer les étoiles
7. Tricoter
8. Faire des bougies parfumées
9. Faire une balade à vélo
10. Jouer à la pétanque

J'organise ma journée hygge

Pour être hygge du matin au soir et améliorer votre vie, voici quelques conseils à suivre tout au long de la journée.

Le matin, je me motive

Le matin, prenez un moment pour vous demander comment vous vous sentez et ce que vous avez envie de faire aujourd'hui (aller bruncher avec des amis si c'est dimanche ou profiter de votre journée pour vous chouchouter). Vous pouvez aussi commencer à tenir un journal pour écrire ce qui vous passe par la tête ou une citation inspirante sur laquelle vous concentrer quelques minutes. Cela vous aidera à évacuer vos pensées avant de démarrer votre journée. Quand vous vous levez, n'hésitez pas à ouvrir la fenêtre de votre chambre et respirez profondément en vous disant que ce sera une belle journée ! #PenséePositive

Bon booster naturel, la musique nous donne l'énergie dont on a besoin pour démarrer une journée du bon pied. Mettez de la musique positive, qui va vous mettre de bonne humeur – et poussez le son ! Écoutez vos chansons préférées afin de trouver toute la motivation et l'énergie dont vous avez besoin.

L'après-midi, je me recentre

Faites de la creative therapy

Prenez du recul par rapport au stress du quotidien et accordez-vous un moment pour souffler. Il est aussi important de laisser parler votre côté créatif. Prenez une heure pour vous détendre, colorier, dessiner, tricoter… et souvenez-vous que le résultat ne compte pas.

Méditez

Tout le monde n'est pas sensible à la méditation, mais qu'est-ce que cela fait du bien de prendre un peu de temps rien que pour soi ! Réservez-vous un coin cosy au bureau ou chez vous pour vous isoler chaque fois que vous avez besoin de souffler un peu, de respirer profondément les yeux fermés.

Faites une pause

Au-delà de la consommation d'une boisson chaude, la pause thé ou café peut être une excuse pour vous déstresser. Asseyez-vous et dégustez tranquillement votre boisson en regardant par la fenêtre, observez le ciel ou les passants, laissez votre esprit divaguer.

Le soir, je me détends

Cocoonez-vous

Après une journée chargée, on n'a souvent qu'une seule envie, rentrer chez soi et ne rien faire. Comme un refuge où l'on se sent bien, la maison hygge doit aussi rester ouverte à vos amis. Que ce soit pour cuisiner, câliner son chien ou son chat, regarder la télé ou lire un livre, votre intérieur doit demeurer chaleureux et accueillant. Allumez quelques bougies, choisissez votre programme télé et mettez-vous à l'aise en enfilant une tenue confortable. Le but ? Décompresser ! Le plus ? Invitez des amis pour sublimer ce moment de détente.

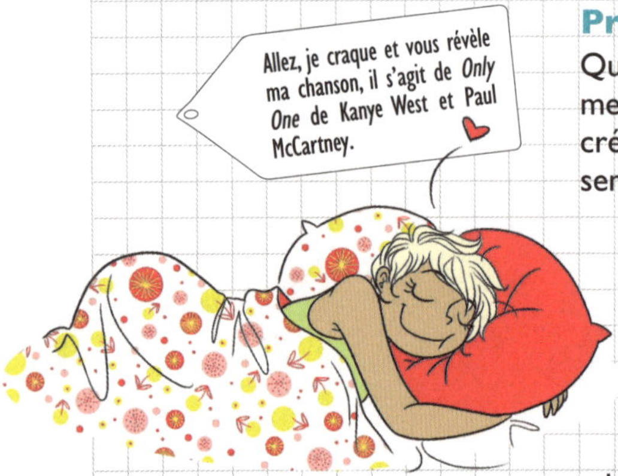

Préparez la nuit

Quand l'heure de se coucher approche, il est bon de mettre en place un rituel de sommeil, c'est-à-dire de créer une ambiance apaisante et propice à l'endormissement. Ça peut être une lumière faible ou de couleur, une brume aux huiles essentielles spéciale nuit calme, une tisane ou même une chanson. J'écoute presque systématiquement la même chanson le soir pour m'endormir et c'est magique. Mon métabolisme reconnaît et associe cette mélodie au sommeil. Évidemment, optez pour une chanson douce ou lente.

Je lutte contre le blues du lundi

Même si vous adorez votre travail, vous avez toujours la flemme de redémarrer le lundi matin après un week-end hygge. Cette nostalgie s'installe souvent dès le dimanche car nous n'avons tout simplement pas l'énergie ou l'envie d'attaquer une nouvelle semaine à cent à l'heure. Alors, voici quelques conseils pour démarrer du bon pied.

Tout d'abord, il faut vraiment profiter de votre week-end : sortir boire des verres, ou retrouver des amis pour un brunch, aller au marché en famille et faire un peu de sport ou une autre activité qui vous fait plaisir. Détendez-vous et faites-en une priorité. Si vous avez un sentiment de plénitude, sans frustration, le cap sera plus facile à passer.

Le lundi, tout est permis ! Accordez-vous un moment hygge, même le lundi, pour entamer la semaine en douceur. Organisez une soirée de jeux de société à la maison, allez boire des verres après le travail avec des collègues, ou même acceptez un rendez-vous amoureux. Bref, planifier vos moments hygge de la semaine vous donnera envie de vous y plonger.

Organisez-vous
Le lundi crée souvent plus de stress lié à une charge supplémentaire de choses à faire. Pour y remédier, faites une liste par ordre de priorités, et prenez soin de faire une chose à la fois, jusqu'à effectuer toutes vos tâches méthodiquement. Ne vous laissez pas submerger, priorisez et organisez-vous.

Je m'organise, j'optimise !

S'organiser permet d'optimiser son temps pour voir un maximum de gens malgré un agenda surbooké. Si vous devez caler un rendez-vous professionnel, vous pouvez vous arranger pour qu'il se déroule près du lieu de travail d'une copine pour enchaîner sur un déjeuner avec elle. Si vous avez une ou deux heures de battement entre deux rendez-vous, proposez à une amie de boire un café dans son quartier. Pour les freelance, vous pouvez convier une copine à faire du coworking et allier travail et plaisir. Profitez-en pour tester un nouveau *coffee place* ou pour l'inviter à la maison, à boire une tasse de thé, manger un gâteau – sans oublier les bougies. Quoi de plus hygge ?

Planifiez

Essayez d'avoir une vision claire de votre semaine à venir avant qu'elle ne débute. Pour cela, notez tous vos rendez-vous et vos envies dans votre agenda. Tout est une question d'équilibre entre ce que vous devez faire (RDV pro, réunions, deadlines) et ce que vous voulez faire (aller au cinéma, à une expo, découvrir un nouveau lieu, une séance de sport…).

Les 10 choses anti-hygge
- Le régime
- L'alcool fort
- Les gobelets en plastique
- La nourriture industrielle ou surgelée
- Les ragots et les reproches
- Les sports trop violents
- La musique agressive style électro, rock, métal
- La dispute
- Le fait de monopoliser la parole
- L'usage ininterrompu du smartphone

Conclusion

Après ce voyage au Danemark, conservez ce petit grain de magie dans votre quotidien. Prolongez-le tous les jours de votre vie. Avez-vous identifié les petits bonheurs qui parsèment votre chemin ? Avez-vous remarqué un moment où vous vous êtes sentie vraiment heureuse ? Cultivez-vous votre potentiel hygge ? Un peu, vraiment, absolument ? Cette philosophie de vie vous pousse à apprécier ce que la vie vous offre car la quête du bonheur n'est pas une fin en soi. Sachez que personne ne mérite plus le bonheur que vous. Ne tentez pas de poursuivre un idéal et soyez vous-même tout simplement. D'une certaine façon, la philosophie du hygge vous aidera à trouver un équilibre, vous fera comprendre la vie d'une manière différente. Le hygge vous ouvrira les portes d'un enrichissement personnel. J'ai moi-même énormément appris en me lançant ce défi : faire découvrir le hygge aux Françaises à la recherche d'une nouvelle expérience bien-être. Cette aventure m'a menée au Danemark, où j'ai découvert les fondements de cet état d'esprit danois mêlant partage, confort et convivialité. À vous de suivre votre intuition et d'injecter juste ce qu'il faut de hygge dans votre vie !

Carnet d'adresses

Découvrir le hygge au Danemark

À moins de deux heures de vol de Paris, la capitale danoise est à voir absolument. Tout d'abord parce qu'on ne se lasse pas de faire du shopping dans les nombreuses enseignes minimalistes chics de Copenhague, mais aussi pour partir à la découverte du hygge. Pour toutes ces bonnes raisons, voici nos adresses incontournables pour un séjour réussi.

Storm

Concept store à la sélection de qualité, c'est le Colette local. Mode, beauté, art, vous trouverez tout ce qu'il faut pour vous faire un joli cadeau.
Store Regnegade 1, 1110 København
stormfashion.dk

Hay

La référence déco danoise, Hay, a son grand magasin en plein cœur de la ville. C'est parfait pour rapporter de la papeterie tendance ou commander des meubles scandinaves.
Hay House. Østergade 61, 1100 København K
hay.dk

Nuori

Cette jeune marque danoise démontre que les ingrédients utilisés dans les produits de beauté classiques perdent de leur efficacité avec le temps. Les produits Nuori, eux, sont frais, sans additifs ni conservateurs et made in Danemark.
Greenskin. Ndr. Frihavnsgade 7,
2100 Østerbro
nuori.com

Naked Copenhagen

Les amoureux de street wear et de baskets rares trouveront forcément leur bonheur dans cette boutique branchée.
Klosterstræde 10 – 1157 København K
nakedcph.com

Rains

Oubliez le K-way fluo ringard, la marque danoise Rains a révolutionné l'imperméable grâce à une matière mate et des détails canons.
Illums Bolighus. Niels Hemmingsensgade
12 afd 92 – 1160, København V
rains.dk

Stelton

Stelton propose des ustensiles de cuisine minimalistes et pratiques, comme leur produit phare, une bouilloire ultra tendance et design.
Magasin du Nord. Kongens Nytorv 13
– 1095 Copenhagen K
stelton.com

Skagen

Vous avez envie de vous faire plaisir ? Optez pour une montre chic en cuir de la marque danoise Skagen. Leurs modèles commencent à faire un tabac en France, alors surfez sur la tendance !
Vimmelskaftet 42 – 1161 København K
skagen.fr

Normann Copenhagen

Cette boutique digne d'un musée du design est incontournable. Vous y verrez des meubles uniques, une sélection mode ultra pointue et tout un rayon papeterie à tomber.
Østerbrogade 70 – 2100 København
normann-copenhagen.com

Expérimenter le hygge en France

Café Smörgås
Restaurant scandinave
Décor minimaliste en blanc et bois pour ce café proposant des tartines scandinaves et des boissons chaudes.
11, rue du Château-d'Eau 75010 Paris

Carøe
Danois & poissons et fruits de mer
51 bis, rue Gambetta 64200 Biarritz

La Petite Sirène de Copenhague
Restaurant danois
Dans un décor élégant, ce restaurant propose une cuisine danoise raffinée avec, chaque jour, un menu ardoise.
47, rue Notre-Dame-de-Lorette 75009 Paris

Nordkraft
Concept store 100 % danois.
20, rue Lucien-Sampaix 75010 Paris

Hay
Magasin danois de décoration à Bordeaux.
1, quai Richelieu 33000 Bordeaux

Hyggelig
Magasin d'objets de décoration à Lyon.
13, rue Auguste-Comte 69002 Lyon

Maison du Danemark
142, avenue des Champs-Élysées 75008 Paris
maisondudanemark.dk

Søstrene Grene
Une chaîne danoise de magasins de décoration, de papeterie et d'arts créatifs.
Paris Aéroville, Paris La Défense, Versailles, Lille, Coquelles, Metz, Nantes, Lyon, Strasbourg
sostrenegrene.com

Bibliographie

Heureux comme un Danois, Malene Rydahl, J'ai lu, 2015.
Le Livre du hygge. Mieux vivre la méthode danoise, Meik Wiking, First, 2016.
Hygge. L'art du bonheur à la danoise, Louisa Thomsen Brits, Robert Laffont, 2016.
Ranger : l'étincelle du bonheur, Marie Kondo, Pygmalion, 2016.

Remerciements

Ann-Marie Rønlund Jensen, Anna Orlando, Anna Terp, Anne Moltke Dahl, Camilla Schousboe, Caroline Birk Bahrenscheer, Emily Louise Salomon, Gitte Mikkelsen, Giulia Ciceri, Henrik Thierlein, Iben Sandahl, la famille Laplaze Rohrdanz.
Gwladys Greusard, Suyapa Hammje, Place des éditeurs ainsi que toute l'équipe Solar.
Ma maman, mes sœurs et mes amis pour leur soutien.
Nuori, Sine Klingsholm, Visit Danemark, Vivien Poubeau et Laëtitia Gauduffe, Wonderful Copenhagen.

Découvrez tous nos cahiers pratiques et notre catalogue sur :
www.solar.fr

MON CAHIER SANS GLUTEN
MINCISSEZ ET BOOSTEZ VOTRE FORME !
MON CAHIER FITNESS
MODELEZ-VOUS UN CORPS FIT ET HARMONIEUX !
MON CAHIER MINCIR AVEC LA MÉDECINE CHINOISE
RÉÉQUILIBREZ VOTRE ÉNERGIE POUR AFFINER VOTRE CORPS !
MON CAHIER YOGA DÉTOX
RÉGÉNÉREZ VOTRE CORPS EN PROFONDEUR !
MON CAHIER AQUAFITNESS
SCULPTEZ VOTRE CORPS PLUS VITE AVEC L'EAU !
MON CAHIER BEACH BODY
PRÉPAREZ-VOUS EN MODE ÉTÉ !
MON CAHIER GREEN DÉTOX
BOOSTEZ-VOUS AVEC LES GREEN SMOOTHIES ET LES JUS VERTS !
MON CAHIER BODY TRAINING
MUSCLEZ INTÉGRALEMENT VOTRE SILHOUETTE !
MON CAHIER RÉGIME TOUT CRU
RESTEZ MINCE ET EN PLEINE FORME AVEC LA TENDANCE RAW FOOD !
MON CAHIER MÉDITATION
BOOSTEZ VOTRE ESPRIT ET VOTRE BIEN-ÊTRE !
MON CAHIER BEAUTÉ
RAYONNEZ, DE LA TÊTE AUX PIEDS !
MON CAHIER HUILES ESSENTIELLES
COCOONEZ-VOUS AVEC LES HUILES ESSENTIELLES !
MON CAHIER FITPUNCH
MINCISSEZ AVEC LA BOXE FITNESS !
MON CAHIER MON CHAT & MOI
POUR VIVRE HEUREUX À DEUX !
MON CAHIER RANGEMENT FEEL GOOD
VOTRE SWEET HOME VA VOUS COCOONER !
MON CAHIER TRAIL RUNNING
DE PLUS EN PLUS DE PLAISIR AVEC LE RUNNING NATURE !
MON CAHIER YOGA MÉDITATION
LE YOGA DÉTENTE ET ANTISTRESS !
MON CAHIER SOFT FITNESS
LE TRAINING À LA FOIS SOFT ET SUPER MUSCLÉ !
MON CAHIER BODY MINCEUR
LE TOP DU SPORT ET DE LA NUTRITION BRÛLE-GRAISSES ET ANTICELLULITE !
MON CAHIER HAIR BEAUTY
MON CAHIER JOLIE PEAU
POUR UN TEINT FRAIS ET RADIEUX
MON CAHIER DANSE PILATES
POUR UNE SILHOUETTE TOUT EN LONGUEUR ET EN FINESSE !
MON CAHIER FITNESS FOOD
LA NUTRITION ÉNERGIE POUR LE TRAINING !
MON CAHIER 2017
MY LIFE IS BEAUTIFUL
SOLAR

Direction : Jean-Louis Hocq
Direction éditoriale : Suyapa Hammje
Édition : Gwladys Greusard
Conception et mise en couleurs de la couverture : Biblis Duroux
Mise en pages : Nord Compo
Fabrication : Céline Premel-Cabic

ISBN : 978-2-263-15034-0
Code éditeur : S15034
Dépôt légal : avril 2017
Imprimé en France par ime by estimprim

HarmonieSolar

Solar | un département **place des éditeurs**

place
des
éditeurs